Lo que me hubiera gustado saber…
¡antes de la adolescencia de mis hijos!

Lo que me hubiera gustado saber...
¡antes de la adolescencia de mis hijos!

Gary Chapman

EDITORIAL
PORTAVOZ

La misión de *Editorial Portavoz* consiste en proporcionar productos de calidad —con integridad y excelencia—, desde una perspectiva bíblica y confiable, que animen a las personas a conocer y servir a Jesucristo.

EDITORIAL PORTAVOZ
2450 Oak Industrial Drive NE
Grand Rapids, Michigan 49505 USA
Visítenos en: www.portavoz.com

ISBN 978-0-8254-5016-7 (rústica)
ISBN 978-0-8254-7039-4 (epub)

1 2 3 4 5 edición / año 32 31 30 29 28 27 26 25 24 23

Impreso en los Estados Unidos de América
Printed in the United States of America

Contenido

Dedicatoria
A mi esposa Karolyn Chapman,
con quien recorrí el camino de la crianza
de nuestros dos adolescentes.

Introducción

Nadie me advirtió que algo sucede en el cerebro de los hijos cuando se vuelven adolescentes. Yo no estaba preparado para esa realidad. Había dado por hecho que los siete años entre los trece y los veinte serían una simple continuación del patrón lento y predecible de crecimiento observado en la infancia. No estaba preparado para las rabietas, los cambios de humor y el comportamiento impredecible. Si has leído mi libro anterior *Lo que me hubiera gustado saber... ¡antes de tener hijos!*, sabrás que Karolyn y yo tenemos dos hijos con una diferencia de edad de cuatro años. Fueron muy diferentes en la manera de procesar la vida siendo adolescentes, lo cual me lleva a una observación fundamental. No existe un patrón que pueda aplicarse a todos los adolescentes. Sin embargo, existen cambios físicos, emocionales y neurológicos comunes que suceden en los años de adolescencia.

Hay un consenso general acerca de que los años adolescentes son de suma importancia en la transición de la infancia a la vida adulta joven. Las decisiones que se toman durante estos años formativos afectarán en gran manera al individuo por el resto de su vida. Todos sabemos bien que algunos adolescentes eligen estilos de vida destructivos que deterioran sus capacidades cognitivas y físicas, lo cual en ocasiones desencadena una muerte prematura. Esta es una de las grandes tragedias de la cultura moderna occidental.

También pienso que la mayoría de las personas coinciden en que los padres juegan un papel clave en la vida de sus hijos adolescentes. Los padres ausentes o maltratadores tienen una profunda influencia negativa en el comportamiento del adolescente. Por otro lado, los padres que están comprometidos seriamente con su pareja y con sinceridad procuran guiar a su adolescente tienen una profunda influencia positiva en su vida.

Los padres que están comprometidos seriamente con su pareja y con sinceridad procuran guiar a su adolescente tienen una profunda influencia positiva en su vida.

Por favor, no me malentiendas. No quiero decir que si los padres hacen bien su trabajo el adolescente se convertirá automáticamente en un adulto responsable. Todos conocemos adolescentes que crecieron en familias amorosas y comprensivas y que, sin embargo, tomaron malas decisiones con consecuencias desastrosas. Muchos de estos padres se han sentado en mi oficina de consejería a lo largo de los años. Su pregunta más común es: "¿Qué hicimos mal?". Dan por hecho que, si hubieran criado bien a sus hijos, su adolescente no habría tomado decisiones tan malas. La realidad es que los adolescentes son humanos y que los humanos son libres para tomar decisiones, algunas de las cuales traen mucho dolor. Aceptar esta realidad no hace desaparecer el dolor, pero sí nos saca del desaliento presente para preguntarnos: "¿Qué podemos hacer ahora para ayudar?". Dando por hecho que el adolescente está con vida, siempre existe la esperanza de redimir el futuro.

Reconocer la realidad de la libertad humana no le resta importancia al hecho de que los padres juegan un papel fundamental en ayudar al adolescente a procesar la vida de una manera saludable. Mi propósito al escribir este libro es ayudar a los padres a entender mejor las dinámicas de los años adolescentes y así convertirse en padres más eficaces. Estas dinámicas no han cambiado, aunque algunos comportamientos o expresiones específicas sí. Soy muy consciente de que muchos de mis lectores son madres solteras. Si tienes un adolescente, hijo o hija, y su padre no está presente en su vida, te animaría a buscar adultos de confianza que puedan jugar un papel importante en la vida de tu adolescente en crecimiento. Puede ser un pariente cercano, un miembro de tu iglesia o un amigo. El joven o la joven que cuenta con adultos sabios es realmente afortunado.

Además de nuestra propia experiencia de crianza echaré mano de las muchas historias de parejas que se han sentado en mi oficina de consejería en los últimos cuarenta años, las cuales me han confiado sus frustraciones y, en ocasiones, el profundo sufrimiento que experimentan en la crianza de sus adolescentes. Vale la pena señalar que, aunque algunas experiencias de la vida adolescente han cambiado enormemente en las últimas décadas, las preguntas, los anhelos y las luchas fundamentales siguen siendo los mismos. Los adolescentes todavía buscan la independencia. Intentan encontrar su lugar en el mundo. No siempre toman las mejores decisiones. Y todavía te necesitan, a pesar de que no siempre parezca así.

En las páginas siguientes expondré doce realidades que me hubiera gustado saber antes de convertirnos en padres de adolescentes. El tiempo ideal para leer este libro es cuando tus hijos tienen once o doce años. Cuanto más preparado te encuentres, más probable será que respondas de manera positiva a los cambios que tendrán lugar cuando tus hijos lleguen a la adolescencia. Si tus hijos ya son adolescentes, creo que sentirás el apremio de leer este libro y espero que te resulte útil para navegar las aguas, a veces turbulentas, de los años adolescentes.

También agradezco las excelentes aportaciones de Drew Hill, quien ha trabajado muchos años con adolescentes y ha colaborado con un párrafo al final de cada capítulo, junto con una lista anotada de los mejores recursos disponibles, relacionados con el tema del capítulo. Estoy convencido de que estos recursos te resultarán muy útiles.

Capítulo 1

Lo que me hubiera gustado saber...

Sobre el desarrollo del pensamiento lógico en los adolescentes

Una madre comentó: "¿Por qué mi hijo adolescente cuestiona todo lo que digo? Es como si le hubiera sucedido algo a su cerebro. Nunca antes había sido así. Es como si toda su personalidad hubiera cambiado".

Esta madre, sin darse cuenta, respondió su propia pregunta. "Es como si le hubiera sucedido algo a su cerebro". Tiene razón. El cerebro adolescente experimenta un proceso de reestructuración. No esperes que tu adolescente siga siendo un niño. La adolescencia significa cambios. Sabemos que el cuerpo de los adolescentes cambia porque podemos observar que crece en estatura. Sabemos que cambia sexualmente porque empieza a crecerles vello púbico. La jovencita adolescente pronto empieza su ciclo menstrual y el joven empieza a afeitarse la cara. Sin embargo, no siempre somos conscientes de que están cambiando mentalmente porque no podemos ver el cerebro. Las investigaciones indican que la adolescencia es un período de cambios neurológicos radicales. Uno de esos cambios consiste en el desarrollo de la capacidad de pensar de manera lógica.

Observa que hablo de "desarrollo" de la habilidad de pensar lógicamente. No es algo que suceda de la noche a la mañana. La adolescencia es una transición entre la infancia y la vida adulta. En las primeras etapas del desarrollo, el adolescente puede volver al comportamiento infantil y aceptar todo lo que tú dices como un hecho y, dos días después, cuestionar todo lo que dices. Puesto que el cerebro del adolescente es susceptible a las influencias externas, es decir, al ambiente, el papel de los padres adquiere suma importancia durante los años de adolescencia. No es el momento para abandonar, sino el tiempo de acompañarlos en el recorrido por esta reestructuración continua del cerebro mientras desarrollan el pensamiento lógico.

> **La manera en que respondes a su estado emocional y a sus preguntas intelectuales determinarán si eres una influencia positiva o negativa para su cerebro en desarrollo.**

Otro cambio significativo en el cerebro adolescente está relacionado con el centro emocional del cerebro. Los altibajos emocionales de los adolescentes tienden a ser extremos. Esto se debe a que el centro del control emocional del cerebro también experimenta una reestructuración. Tu adolescente puede sentirse extremadamente feliz en la mañana y profundamente triste en la noche del mismo día. Todo depende de sus experiencias a lo largo de la jornada. Recuerda que el cerebro adolescente se ve afectado en gran medida por su entorno.

Como padre o madre, tú eres parte del entorno de tu hijo adolescente. La manera en que respondes a su estado emocional y a sus preguntas intelectuales determinarán si eres una influencia positiva o negativa para su cerebro en desarrollo. Todos estos cambios han de esperarse en los años adolescentes. Me hubiera gustado saber todo esto antes de que nuestros hijos llegaran a la adolescencia. En este capítulo y en cada uno de los capítulos siguientes, quiero presentar lo que he aprendido a partir de mi propia experiencia y de algunas impresiones que me han comunicado los padres que han acudido a mí en busca de consejo a lo largo de los años.

INVOLÚCRATE EN EL DESARROLLO DE TU HIJO

Mi primera sugerencia es que te involucres de manera activa en el desarrollo de tu adolescente. Todas las investigaciones demuestran que si los padres se involucran de manera positiva en la vida de sus adolescentes ejercerán sobre ellos una mayor influencia que sus amigos y compañeros. Con mi apretada agenda en los primeros años de adolescencia de mis hijos, yo solía responder de manera apresurada y sin pensar mucho. Si ellos cuestionaban algo que a mi modo de ver todos hemos creído en algún momento, mi respuesta era algo así como: "Tú ya sabes lo que se debe hacer". En lugar de ser una respuesta positiva, limitaba sus mentes inquisitivas. Acto seguido, ellos se alejaban y yo perdía la oportunidad de ayudarles a desarrollar el pensamiento racional y lógico. Involúcrate, pero hazlo de manera positiva.

Participar activamente en la vida de tu adolescente empieza con escuchar las preguntas que te formula. Todos los padres vivimos ocupados, pero pocas cosas son más importantes que las preguntas de nuestro adolescente. Si estás ocupado en algo que no admite interrupción, puedes decirle: "Esa es una pregunta excelente. Por favor, pregúntame de nuevo en diez minutos cuando termine lo que estoy haciendo, porque quiero dedicar toda mi atención a tu inquietud". Los adolescentes aceptarán esa ligera demora porque entienden que te interesa su pregunta.

Todos los padres vivimos ocupados, pero pocas cosas son más importantes que las preguntas de nuestro adolescente.

No des por hecho que la primera pregunta de tu adolescente es la verdadera pregunta que te quieren hacer. Si te dicen: "¿Por qué no puedo ir a la fiesta?", es probable que quieran decir: "¿Realmente lo has pensado bien o simplemente estás tomando una decisión arbitraria?". Ellos quieren conocer las razones que te llevaron a esa conclusión. Aunque quizá no les satisfagan tus razones, ellos quieren asegurarse de que se trata de una decisión sensata. Y que conste, la respuesta "Porque yo lo digo" no es una respuesta sensata.

No esperes que tu adolescente esté de acuerdo siempre con las razones que tú le ofreces. Recuerda que ellos miran el mundo desde su perspectiva limitada. Tú eres el adulto responsable. Tú tienes la posición de autoridad sobre el adolescente. Tú eres mayor y se supone que eres más sabio que tu adolescente. No permitas que el comportamiento de tu adolescente te lleve a tomar una decisión que puedas lamentar más adelante. Si "cedes" a la solicitud de tu adolescente porque quieres evitar un comportamiento histérico, sentarás un precedente. El adolescente va a concluir que, si es lo bastante fastidioso, logrará lo que quiere. Ese no es un patrón de comportamiento provechoso en la vida adulta.

Escuchar de forma eficaz significa ofrecer a tu adolescente toda tu atención cuando te hace preguntas. Apaga la televisión. Deja a un lado tu trabajo. Suelta el teléfono. Mira a tu adolescente a los ojos y comunícale sin palabras que es la persona más importante en tu vida en ese momento. Cuando tu adolescente termina de expresar la pregunta, debes afirmarla verbalmente: "Es una buena pregunta. ¿Qué te llevó a pensar en eso?". Con ello afirmas su libertad de hacer preguntas y, a la vez, solicitas más información acerca del motivo de la pregunta. Eso es importante para saber cómo responder.

ABORDA TEMAS DE LA VIDA REAL

Por ejemplo, una de las áreas que más preocupan a los padres es el tema del consumo de alcohol y de drogas en los años adolescentes. Las investigaciones dejan en claro que la mayoría de los adultos alcohólicos y drogadictos se iniciaron en el hábito de beber alcohol cuando eran adolescentes. No queremos que nuestros adolescentes tomen ese camino. Sin embargo, ¿cómo ayudamos a nuestro adolescente a llegar a la misma conclusión cuando sus compañeros lo alientan a beber o a fumar marihuana? Es poco probable que logres alejar a tu adolescente de las drogas y del alcohol con una respuesta como: "Si te descubro bebiendo o fumando marihuana perderás todos tus privilegios en los próximos tres años". En cambio, si echas mano de tu propia experiencia, de lo que has investigado y de tu propia exposición a experiencias de la vida real, puedes ayudar a tu adolescente a tomar una decisión lógica frente a las drogas y el alcohol. Quizás tuviste un pariente alcohólico. Sé sincero con tu adolescente.

Cuando me refiero a experiencias de la vida real hablo de exponer a tu adolescente a las realidades de lo que sucede a los adolescentes cuando consumen alcohol y drogas. Una de las mejores actividades que hice con mi hijo fue visitar juntos un sábado al mes el centro penitenciario juvenil para jugar ping-pong con los jóvenes recluidos. Después de jugar conversábamos con algunos de ellos y le contaban a mi hijo su historia. No hacía falta que yo añadiera un comentario. Ellos declaraban en voz alta las consecuencias del alcoholismo y la drogadicción. De regreso a casa, yo le decía a mi hijo: "Qué triste, ¿no te parece? Algunos de ellos tienen tu edad. Es una tragedia que hayan tomado tan malas decisiones desde jóvenes". Él asentía de inmediato y a veces añadía su propio comentario, como: "Espero tener la firmeza para que nunca me convenzan de hacer tal cosa". De vez en cuando, yo le mostraba a mi hijo alguna noticia acerca de un adolescente que había fallecido como consecuencia de un accidente bajo la influencia de las drogas o el alcohol. Yo le decía: "Derek, tal vez quieras leer este artículo. Es muy triste, pero muestra lo que sucede a algunos jóvenes que conducen bajo la influencia de las drogas o el alcohol".

Si eres un padre con un historial de alcoholismo o drogadicción y ahora mismo te encuentras en el proceso de abandonarlos, tal vez podrías considerar llevar a tu hijo adolescente a tu grupo de Alcohólicos Anónimos y permitirle escuchar las historias de otros hombres y ver en parte tu propia lucha personal. Él no necesariamente repetirá el mismo patrón adictivo. De hecho, cuanto más conozca la batalla que tú has tenido que librar, más probable es que él tome una decisión sabia frente al uso del alcohol en su propia vida.

Un joven me dijo: "La razón por la cual decidí desde adolescente que no iba a beber alcohol ni probar drogas es porque mi padre fue alcohólico. Cuando tenía doce años, él tuvo un accidente mientras conducía bajo la influencia del alcohol y una joven madre que estaba en el otro auto falleció. Después de eso, él se inscribió en Alcohólicos Anónimos y pudo permanecer sobrio el resto de su vida. Sin embargo, nunca pudo superar el recuerdo de lo que su embriaguez ocasionó a dos niños pequeños que crecieron sin su madre. Luchó con episodios depresivos a lo largo de su vida. Yo supe que ese no era el camino que yo quería tomar".

En resumen, lo que quiero decir es que puedes esperar que tu adolescente te haga preguntas acerca de casi cualquier tema imaginable. Puede incluso parecer que simplemente busca discutir todo, pero tú no tienes que seguir ese patrón. Puedes tomar sus preguntas con seriedad y ofrecer respuestas bien pensadas. Con ello, le ayudas a desarrollar el pensamiento racional y lógico. De ese modo favoreces los cambios neurológicos que tienen lugar en el cerebro de tu adolescente.

SUGERENCIAS Y RECURSOS ADICIONALES

Si quieres ayudar a tu adolescente a desarrollar la capacidad de tomar decisiones sabias y a pensar de manera lógica, un paso que puedes dar es informarte mejor acerca de los cambios que ocurren en la adolescencia. Cuanto más aumentes tu comprensión acerca de estos desafíos del desarrollo, más compasión vas a manifestar hacia tu hijo. Cuando demuestras empatía poniéndote en el lugar de tu hijo y estás dispuesto a aprender, tu adolescente puede ver en ti un ejemplo de verdadera madurez.

Estos son algunos recursos que podrían ayudarte a cultivar el hábito de ponerte en los zapatos de tu hijo:

Tormenta cerebral: El poder y el propósito del cerebro adolescente, por Daniel J. Siegel

Este libro ofrece una explicación fascinante y accesible de los cambios que se producen en el cerebro de los adolescentes, en especial aquellos relacionados con la búsqueda de lo novedoso, el compromiso social, el aumento de la intensidad emocional y la exploración creativa. Si bien estos cambios conllevan riesgos y posibilidades negativas, el Dr. Siegel ayuda a sus lectores a comprender tanto los aspectos negativos como los positivos de la adolescencia.

CPYU.org

El Center for Parent/Youth Understanding (Centro para el Entendimiento entre Padres y Jóvenes), dirigido por el Dr. Walt Mueller, ayuda a los padres a entender y conectar con sus preadolescentes y adolescentes. CPYU ofrece noticias de actualidad, pódcasts, artículos, seminarios y otros recursos sobre el desarrollo y la cultura de los adolescentes. Algunos de ellos están disponibles en español, https://cpyu.org/?s=spanish.

TDA: controlando la hiperactividad: Cómo superar el déficit de atención con hiperactividad (ADHD) desde la infancia hasta la edad adulta, por Edward M. Hallowell y John J. Ratey

Tus hijos adolescentes se están criando en un mundo lleno de distracciones. Incluso si tu hijo no padece TDA (trastorno por déficit de atención) o TDAH (trastorno por déficit de atención con hiperactividad), este libro ofrece ayuda práctica para cualquiera que tenga problemas de concentración, lo que es el caso de muchos adolescentes no diagnosticados.

PREGUNTAS DE REFLEXIÓN Y APLICACIÓN

1. Reflexiona acerca de tus propios años adolescentes. ¿Qué respondían tus padres cuando estabas en desacuerdo con ellos? ¿Fueron sus respuestas provechosas o perjudiciales?

   _____

   _____

   _____

   _____

2. ¿De qué maneras te gustaría ser diferente a tus padres en la relación que llevas con tus adolescentes?

   _____

   _____

   _____

3. ¿De qué maneras te gustaría imitar el estilo de respuesta que utilizaron tus padres en tu desarrollo de la habilidad de pensar lógicamente?

   _____

   _____

   _____

4. Si ya tienes adolescentes, ¿cómo evaluarías la manera en que has respondido cuando tu adolescente cuestiona tu criterio?

   _____

   _____

   _____

   _____

5. Cuando has ejercido autoridad parental, ¿lo has hecho con firmeza acompañada de amabilidad o has respondido con aspereza y enojo?

_____

_____

_____

_____

6. ¿Qué te gustaría cambiar de tu método pasado de responder a tu adolescente?

_____

_____

_____

_____

7. Si tus hijos todavía no son adolescentes, ¿qué has aprendido en este capítulo que consideras útil para cuando ellos empiecen a evidenciar el proceso de reestructuración de su cerebro, a pensar de manera más lógica y a hacer más preguntas?

_____

_____

_____

_____

Capítulo 2

Lo que me hubiera gustado saber...

Sobre la gran influencia de la cultura en los adolescentes

Yo debería haber estado mucho más sintonizado con el poder de la cultura para influir en las creencias y en el comportamiento. Había obtenido diplomas tanto de licenciatura como de maestría en antropología cultural antes de que nuestros hijos llegaran a la adolescencia. Había estudiado varias culturas alrededor del mundo. Entendía que la razón por la cual las personas tienen diferentes sistemas de creencias y patrones de comportamiento está determinada en gran medida por la cultura en la que crecieron. Aun así, no había logrado aplicar esa realidad a mis propios adolescentes. Había fallado en pensar seriamente acerca de la gran diferencia que existía entre la cultura en la que ellos crecían y la cultura en la que yo había crecido. Y la cultura en la que están creciendo los adolescentes de hoy es muy diferente de la cultura en la que crecieron mis hijos.

La cultura en la que yo viví mis años de adolescencia era muy homogénea. La mayoría de las personas que vivían en mi vecindario tenían las mismas creencias fundamentales acerca de la vida. Tenían empleos similares. Vivíamos en una ciudad textil del sur y casi todos los habitantes trabajaban en la fábrica textil que operaba las veinticuatro horas del día. Casi todos tenían un huerto en el patio donde pasaban la mayor parte de su tiempo libre sembrando, cultivando, recolectando y conservando sus cosechas. Aunque no todos asistían a la iglesia los domingos, la mayoría lo hacía.

De adolescente iba a la escuela durante el día, trabajaba en el jardín en la tarde y jugaba baloncesto los sábados en el patio de mi primo. Íbamos a la iglesia los domingos por la mañana y con frecuencia comíamos por la tarde en casa de mis tíos junto con otros parientes. La mayoría de los domingos íbamos también a la iglesia al culto de la noche. El único contacto que yo tenía con el mundo exterior era escuchar la radio NBC dos o tres veces por semana en la noche en compañía de mi mamá, mi papá y mi hermana. Sé que es difícil de creer, pero cuando llegué a la adolescencia no había televisión. Recuerdo que, cuando tenía quince años, el papá de mi primo compró un televisor. Era el único en todo el vecindario y la pantalla era en blanco y negro. Me parecía fascinante ver hablando los rostros de personas que vivían en otras ciudades.

Compara mi mundo con el mundo en el que crecieron mis hijos adolescentes. Habían visto la televisión en color desde el día que nacieron. Por supuesto, en sus años de infancia limitamos el número de horas que podían ver y nosotros escogíamos la programación. A medida que crecieron, les dábamos opciones para que escogieran entre cuatro o cinco programas, todos los cuales nos parecían aceptables. Así les dábamos libertad para tomar decisiones dentro de unos límites establecidos. Cuando llegaron a la adolescencia, la televisión no era una novedad para ellos, sino simplemente parte de la vida. A través de la televisión, ellos fueron expuestos a un mundo mucho más amplio que aquel en el que yo crecí. Ellos supieron acerca de la guerra de Vietnam, que duró veinte años, y acerca del movimiento de los derechos civiles. Como adolescentes se alegraron cuando la guerra llegó a su fin, pero plantearon serias preguntas acerca de lo que se había logrado con ella. Era difícil encontrar respuesta cuando preguntaban: "¿Por qué…?". La revolución sexual de los años 60 había terminado, pero a finales de los 70, siendo adolescentes, ellos experimentaron en su propia vida los resultados.

Como padre o madre hoy, tus adolescentes están viviendo en un mundo muy diferente al mundo en el que crecieron los míos. La calidad y la cantidad de la oferta televisiva se ha expandido en gran manera. Mis hijos solo tenían las cadenas principales. Hoy día, los servicios de transmisión por demanda ofrecen contenidos ilimitados a disposición de todos en todos los horarios. Las computadoras personales eran algo desconocido para mis adolescentes, pero para los tuyos son como una segunda naturaleza. Ellos no pueden concebir una vida sin aparatos electrónicos. Los teléfonos inteligentes les dan acceso a casi todo lo que ofrecen las computadoras, además de permitirles enviar mensajes y fotografías por medio de textos, tweets, Instagram, TikTok y muchas otras plataformas. Su mundo es exponencialmente más amplio que el mundo de mis adolescentes. La exposición diaria a la violencia y la tragedia alrededor del mundo, la discusión de problemas desde el racismo hasta el cambio climático y la inmigración, las imágenes de incendios forestales e inundaciones y las opiniones diversas que existen en toda sociedad bombardean diariamente al adolescente contemporáneo. Las conversaciones abiertas y francas acerca de los problemas de salud mental son mucho más aceptadas que hace una o dos generaciones. El entretenimiento, los videojuegos y otras comunidades en línea conectan a los jóvenes desde Sydney hasta Seúl y Seattle. Las comunidades educativas son más diversas. En Estados Unidos, los simulacros de tiroteo escolar son parte de la rutina escolar. Sí, su cultura es radicalmente diferente del mundo de las generaciones anteriores y los adolescentes están profundamente influenciados por su cultura. Eso es algo que no ha cambiado.

En mis años adolescentes, si mis vecinos me veían haciendo algo que sabían que era inapropiado, lo reportaban a mis padres y yo sabía que eso sería así. Hoy es probable que tus vecinos ni siquiera conozcan a tus adolescentes. Así pues, ¿qué puede hacer el padre o la madre de hoy para ayudar a su adolescente a navegar por el mundo en el que vive? Permíteme hacer las siguientes sugerencias.

SACA PROVECHO DE LA TECNOLOGÍA

Usa la tecnología para tu provecho. Nunca antes la información ha estado más disponible que en el presente. Solo con oprimir un par de botones o decir: "Oye, Siri...", tú y tu adolescente pueden aprender casi cualquier cosa que deseen. Recomiendo, por tanto, usar este espectacular recurso. Cuando converses acerca de algún tema con tu adolescente, puedes sugerir que cada uno investigue en línea y vea qué puede encontrar acerca del tema. Con ello, le enseñas a tu adolescente a aprovechar al máximo la tecnología. Por supuesto, necesitas advertir a tu adolescente que no todo lo que lee en línea, y especialmente en las redes sociales, es necesariamente cierto. La Internet está repleta de información falsa, que en parte está puesta ahí de manera intencional y destructiva. Le harás un gran favor a tu adolescente si le enseñas a pensar de manera crítica y a discernir, y tú mismo puedes darle ejemplo.

Necesitas advertir a tu adolescente que no todo lo que lee en línea, y especialmente en las redes sociales, es necesariamente cierto.

Un segundo valor de la tecnología es la facilidad para establecer conexiones. Tú y tu adolescente pueden ahora estar conectados de una manera que era imposible antes de que existieran los teléfonos inteligentes. Pueden verse mientras conversan e incluso saber dónde están ubicados en un momento dado. (Asegúrate de que tu adolescente sepa que tú tienes esta capacidad de hacerle seguimiento. Si busca impedirlo, retírale el teléfono por una semana. Después de todo, eres tú quien paga la factura). Anima a tu adolescente a que se comunique contigo por medio de textos y a que te mantenga informado acerca de los sucesos de su día; hazlo tú también. A menudo, los adolescentes prefieren enviar textos en lugar de hablar por teléfono. (Quizás tú también. Aprovecha esto para "conversar" con tu adolescente por medio de mensajes de texto).

Al mismo tiempo, es muy fácil para un adolescente volverse adicto a la pantalla, y depende de ti como padre estar vigilante acerca del uso de los aparatos electrónicos. Puede que tu adolescente pase su tiempo en redes sociales o jugando videojuegos. Sin embargo, cuando su tiempo libre se disipa en pantallas, eso establece un patrón que lleva consigo hasta la vida adulta, lo cual es perjudicial para su matrimonio y sus relaciones adultas. Además, fijar límites es de suma importancia. Al respecto, daré tres sugerencias.

Es muy fácil para un adolescente volverse adicto a la pantalla, y depende de ti como padre estar vigilante acerca del uso de los aparatos electrónicos.

Primero, hay cosas que hay que evitar ver. La pornografía se ha convertido en un problema considerable para los adolescentes contemporáneos. La pornografía es una distorsión de la sexualidad humana. Graba en el cerebro humano imágenes sexuales explícitas que son extremadamente difíciles de borrar. Degrada a las mujeres. Lleva al adolescente a vivir en un mundo que no es realista. Como padre, tú deberías tener conversaciones abiertas con tu adolescente acerca de los peligros de la pornografía. Hazle saber que has instalado un filtro en su teléfono inteligente y en su computadora con el fin de protegerlo de la exposición a sitios pornográficos. Procura comunicar esta información con un espíritu de amor e interés en su bienestar, no con una actitud de autoritarismo.

Segundo, fija límites de tiempo. Todo adolescente necesita pasar tiempo libre de pantallas. Uno de esos momentos puede ser la hora de comer. Cuando los adolescentes o los padres miran pantallas durante las comidas se pierden una oportunidad maravillosa para la interacción personal. Esto es algo que practicábamos cuando nuestros adolescentes estaban en casa. La cena era un tiempo para conversar. Se apagaba la televisión. La radio no sonaba y no contestábamos las llamadas telefónicas. Con frecuencia, las conversaciones en la mesa se extendían treinta minutos o más después de terminar de comer. Recuerdo una ocasión en la que nuestro hijo trajo a algunos amigos a casa para pasar un fin de semana en su primer año universitario, y como familia tuvimos nuestras conversaciones de mesa habituales. Sus amigos le preguntaron: "¿Ustedes siempre hablan así?". Ellos reconocieron que sus familias nunca tenían esa clase de conversaciones. Nuestros hijos, ya adultos, nos han dicho que nuestras conversaciones en la mesa eran uno de sus recuerdos predilectos.

Yo también recomendaría limitar el tiempo que el adolescente pasa viendo televisión, haciendo búsquedas en la Internet o jugando videojuegos. Anímalos a salir a hacer caminatas juntos en las que *ninguno* mire una pantalla ni conteste el teléfono o un mensaje a menos que sea de un miembro de la familia. Diviértanse con juegos de mesa o jugando baloncesto en el patio. Si les interesan los deportes, anímalos a jugar. Si les interesa la música, anímalos a tomar clases. La vida es mucho más grande que la pantalla y debemos ayudar a nuestros adolescentes a entender esa realidad.

Además de los límites de tiempo, también te animaría a crear barreras de espacio, es decir, ciertos lugares donde las pantallas no son permitidas. Además de la hora de las comidas, te animo encarecidamente a declarar las habitaciones como espacios sin pantallas (sin televisión, sin computadoras y sin teléfonos). (La excepción sería cuando tu hijo o hija hace tareas en su aparato electrónico). Puede que tu adolescente se oponga a este límite en un principio, pero más adelante te lo agradecerá. Por supuesto, los padres debemos también aprender esta lección de limitar nuestro tiempo en las pantallas.

Esta clase de idea es contraria a la cultura actual en la que sentimos que debemos estar "conectados" las veinticuatro horas del día a lo largo de toda la semana. Sin embargo, este límite crea un espacio en el que el adolescente puede desconectarse y proporciona un tiempo excelente para leer libros. Hablaremos más adelante acerca de esto, pero los adolescentes que asignan en su horario un tiempo para leer tienen mejores resultados académicos que los que no lo hacen. Por supuesto, es más fácil si estableces este límite desde que son pequeños y la práctica simplemente se extiende a sus años de adolescencia. Sin embargo, nunca es demasiado tarde para fijar límites saludables.

Nunca es demasiado tarde para fijar límites saludables.

En lo que concierne al uso de la tecnología, participa junto con tu adolescente tan a menudo como sea posible. Puede ser viendo juntos la televisión. Ya sea un evento deportivo, un documental, un noticiero o una película, miren juntos y luego conversen acerca de lo que vieron, lo que aprendieron, los mensajes que les fueron comunicados, lo emocionante que son las victorias deportivas o lo decepcionante que te resulta una derrota. Estas son las conversaciones que te ayudan a influenciar a tu adolescente, en lugar de dejar simplemente que la cultura lo haga. No podemos aislar a nuestro adolescente de la cultura, pero sí podemos ayudarle a interpretarla.

Si tus adolescentes practican deportes, asiste a los partidos y conversen después de ellos. Si les gusta la música sinfónica, asistan a conciertos y conversen acerca de lo que escucharon. Si hay algo que te interesa a ti y que te gustaría que tu adolescente cultivara en su vida, llévalo a esa actividad, ya sea correr, observar pájaros, fotografía o cualquier otro interés que tú tengas. Puede que le entusiasme tanto como a ti, o puede que no, pero al menos le dará la oportunidad de verte haciendo algo que disfrutas y será un tiempo de estrechar lazos con tu adolescente.

Puesto que la cultura tiene una profunda influencia sobre los adolescentes, permíteme animarte a hacer todo lo posible para que los maestros de tu adolescente estén comprometidos en ayudar a tu adolescente a entender el valor de la educación, fomentando sus intereses y ayudándoles a desarrollar una sólida ética de estudio. Claro que los adolescentes no solo se dejan influir por sus maestros, sino también por sus compañeros de clase. Sé que no puedes elegir sus amistades, pero anímalos a identificarse con estudiantes que toman en serio sus estudios.

Sí, tu adolescente está creciendo en un mundo que es casi completamente diferente de la cultura en la que tú creciste. La cultura cambia constantemente, a veces de manera repentina como hemos visto en los últimos sesenta años, y en ocasiones con la lentitud de un caracol. En cualquier caso, la cultura nunca permanece igual. Tu adolescente no solo será influenciado por la cultura, sino que, espero también, que influirá en el cambio cultural. Graba en su mente el objetivo de dejar este mundo mejor que como lo encontró. Demuestra esto con tu propio estilo de vida y aumentarán las probabilidades de que tu adolescente logre la meta.

SUGERENCIAS Y RECURSOS ADICIONALES

Reflexionar acerca de la poderosa influencia que ejerce la cultura en tus hijos puede ser abrumador. Criar hijos en la actualidad supone complicaciones y desafíos únicos que las generaciones pasadas no tuvieron que enfrentar. Algunos de los asuntos más complejos que los padres deben manejar son la tecnología, las pantallas y los medios de comunicación, como las redes sociales.

La palabra "medios" viene de una raíz latina que significa "algo que está en el medio". Es posible que ya sientas que los aparatos electrónicos y las pantallas se interponen entre tú y tu hijo y tal vez necesites más ayuda para entender cómo manejar la tecnología con tu adolescente. Estos son algunos recursos recomendados:

Familias tecnológicamente sabias: Pautas para situar la tecnología en el lugar que le corresponde, por Andy Crouch

Este libro ofrece docenas de consejos útiles para crear hábitos tecnológicos saludables en el hogar. Plantea preguntas interesantes y ofrece respuestas prácticas.

Hechizo digital: 12 maneras en las que tu dispositivo te está cambiado, por Tony Reinke

Este libro revelador muestra cómo nuestros teléfonos nos afectan más de lo que creemos. Los teléfonos intensifican nuestra adicción a la distracción. Cambian la forma en que nos tratamos unos a otros, y alimentan nuestra ansia de aprobación y de gratificación inmediatas. El libro nos ayuda a comprender los peligros de cómo nuestros teléfonos nos están transformando y nos ofrece disciplinas prácticas que ayudan a proteger nuestra salud tecnológica en la era del teléfono inteligente.

Imágenes buenas, imágenes malas: protegiendo a los más pequeños contra la pornografía, por Kristen A. Jenson y Debbie Fox

A muchos padres les cuesta saber cuándo y cómo hablar con sus hijos sobre los peligros de la pornografía. Esta historia para leer en voz alta está dirigida a niños de 6 a 12 años. Ofrece un guion cómodo para que los padres inicien esta conversación antes de la adolescencia.

El reto de criar a tus hijos en un mundo tecnológico, por Gary Chapman y Arlene Pellicane

No existe teléfono, tableta o dispositivo de juego que puede enseñar a tu hijo a tener relaciones saludables; solo tú puedes hacerlo. El Dr. Chapman y Arlene Pellicane, madre de dos adolescentes, te ofrecen consejos y ánimos.

PREGUNTAS DE REFLEXIÓN Y APLICACIÓN

1. Cuéntale a tu hijo adolescente alguna anécdota acerca de cómo era el mundo cuando tú fuiste adolescente. Es muy posible que le parezca fascinante.

2. Rememora tus propios años adolescentes. ¿Qué remordimientos tienes?

_____

_____

_____

_____

_____

3. ¿Cuáles son algunas experiencias positivas de tus años de adolescencia de las cuales te enorgulleces?

_____

_____

_____

_____

4. ¿Qué efectos positivos o negativos tuvieron tus padres sobre tu vida cuando fuiste adolescente?

_____

_____

_____

_____

30

5. ¿Qué puedes aprender de su ejemplo?

_____

_____

_____

_____

_____

6. Escribe un párrafo corto acerca de tus esperanzas para tus hijos entre las edades de trece y dieciocho años. Si te gusta lo que has escrito, tal vez podrías considerar la posibilidad de mostrarlo a tu adolescente.

_____

_____

_____

_____

_____

_____

_____

_____

Capítulo 3

Lo que me hubiera gustado saber...

Sobre la necesidad de los adolescentes de sentirse amados

A la edad de trece años huyó de casa. Sentado en mi oficina dijo: "Mis padres no me aman. Aman a mi hermano, pero no a mí". Yo conocía a sus padres y sabía que lo amaban, pero era evidente que había una desconexión. En la oficina de consejería no es inusual encontrar la situación del hijo que se siente amado por sus padres y el que no. ¿Por qué existe tal disparidad? Lo que muchos padres no entienden es que cada persona tiene un lenguaje del amor principal. Hace algunos años escribí un libro titulado *Los 5 lenguajes del amor: El secreto del amor que perdura*. Fue escrito para ayudar a las parejas casadas a mantener vivo el amor emocional después que se desvanece la euforia del "enamoramiento".

Por naturaleza, un esposo expresa el amor a su esposa en el lenguaje que lo hace sentir amado. Sin embargo, si ese no es el lenguaje del amor de la esposa, ella no se sentirá amada. Descubrí este concepto en mi oficina de consejería, donde escuché muchas historias de parejas que no lograban acertar en la expresión emocional de amor a su pareja. Cuando un cónyuge no se siente amado, es mucho más difícil procesar los demás aspectos de la relación matrimonial, como la resolución de conflictos y la administración del dinero. Cuando ambos se sienten seguros del amor del otro, la vida es hermosa. Se han vendido millones de ejemplares del libro y ha sido traducido y publicado en más de cincuenta idiomas alrededor del mundo. Muchas parejas me han dicho: "Ese libro salvó nuestro matrimonio".

Este mismo concepto puede ayudar a los padres a comunicar con eficacia el amor a su adolescente. La mayoría de los padres aman a sus adolescentes. Sin embargo, muchos adolescentes no se sienten amados. Con frecuencia, los padres dan por hecho que lo que hace sentir amado a un adolescente hará sentir amado a otro. Esa idea es falsa. Mi investigación reveló que existen cinco "lenguajes del amor" básicos y que cada adolescente tiene un lenguaje principal del amor. Si los padres no expresan el amor en ese lenguaje, el adolescente no se sentirá amado, aun cuando el padre o la madre usen los otros lenguajes del amor. Permíteme describir brevemente cada uno de los cinco lenguajes del amor.

> **Con frecuencia, los padres dan por hecho que lo que hace sentir amado a un adolescente hará sentir amado a otro. Esa idea es falsa.**

Palabras de afirmación: afirmar verbalmente al adolescente. "Hiciste un trabajo excelente en el debate escolar". "Realmente agradezco que me ayudes a limpiar el garaje". "Me gusta tu sonrisa; eres muy apuesto/eres muy hermosa cuando sonríes". "Una de las cualidades que me gustan de ti es que me dices la verdad". Tus comentarios pueden enfocarse en la apariencia del adolescente, en un rasgo de personalidad o en algún logro.

Cada uno de los lenguajes tiene dialectos. Por ejemplo, las palabras de ánimo buscan armar de valor al adolescente para perseverar.

Quizás el adolescente intenta aprender un instrumento musical. El padre o la madre podría decir: "Creo que estás progresando mucho. Definitivamente estás mejorando". También hay palabras de alabanza, las cuales identifican algo que el adolescente hizo y que tú admiras, como: "Me di cuenta de la manera en que animaste a Adán después que falló ese lanzamiento. Sé que debió sentirse mal. Todos necesitamos ánimo cuando nos sentimos mal".

Cuando ofreces palabras de alabanza por los logros del adolescente, elógialo siempre por el esfuerzo, no por la perfección. Recuerdo que un adolescente me dijo: "Nunca logro complacer a mi padre. Si corto el césped se queja porque no lo hice debajo de los arbustos. Si hago un doble, él me dice que debí hacer un triple. Si saco una calificación de 80 sobre 100, él me dice que debí sacar un 90".

Yo conocía a su padre y sabía lo que intentaba hacer. Estaba tratando de motivar a su hijo a que diera lo mejor de sí mismo. Sin embargo, lo que el adolescente escuchaba era reprobación. Lo que un adolescente necesita oír cuando ha cortado el césped es: "Gracias por cortar el césped. Es una gran ayuda para mí". La semana siguiente, cuando empiece a cortar el césped, le indicas que lo haga debajo de los arbustos. Puesto que se siente amado y apreciado, cortará la hierba debajo de los arbustos. Presume de la calificación de 80 sobre 100 y la semana siguiente dile: "Me pregunto qué podrías hacer para subir ese 80 a 90". Alábalo por el doble y el sábado siguiente muéstrale cómo puede convertir un doble en triple. Repito, alaba al adolescente por el esfuerzo, no por lograr la perfección.

Actos de servicio: hacer algo por tu adolescente que sabes que le agradaría. Puede ser preparar su comida o postre favorito. O puede ser ayudarles con su tarea de matemáticas. Cuando el papá de Carlos aceptó ayudarle a construir el escenario para su obra de teatro de secundaria, habló el lenguaje principal del amor de Carlos, que es actos de servicio. Para estos adolescentes, "las acciones hablan más que las palabras".

A veces hacemos lo que el adolescente no puede hacer por sí mismo, como planchar la camisa de tu hijo para una entrevista de trabajo en el verano o cambiar el neumático del auto de tu hija. También podemos hablar este lenguaje del amor mostrándoles cómo hacer algo por sí mismos; por ejemplo, enseñarle al hijo a planchar una camisa y a la hija a cambiar un neumático. Aunque pueda ser más fácil hacerlo por ellos, es más significativo enseñarles a hacerlo por sí mismos, especialmente si su lenguaje del amor es actos de servicio.

Regalos: dar al adolescente algo que sabes que le gustaría recibir. (Esto no significa que le das todo lo que pide). Le das regalos que son apropiados para su etapa de desarrollo y que tú consideras de utilidad. El regalo no tiene que ser costoso. Puede ser una barra de chocolate que sabes que es su favorita. Sí, puede ser ropa y zapatos, siempre y cuando sea algo que les guste.

Valga aclarar que el regalo se da como una expresión de amor, no en retribución por algo que el adolescente haya hecho por ti. "Te compraré esos zapatos nuevos cuando limpies tu habitación" es simplemente un pago por un servicio prestado, no un regalo en realidad. Si recibir regalos es el principal lenguaje del amor de tu adolescente, presenta el regalo como tal. No digas: "Te conseguí una nueva camisa y la puse en el armario". Más bien, entrégasela personalmente diciendo: "Esto es para ti porque te amo". Si el adolescente es coleccionista de tarjetas de béisbol o de cualquier otro objeto, tenlo presente a la hora de pensar en regalos.

Algunos padres han preguntado: "¿Acaso ese lenguaje del amor no promueve una actitud materialista en la mente del adolescente?". Solo si le das a tu hijo todo lo que pide. Es cierto que los adolescentes que entienden el concepto del lenguaje del amor pueden buscar manipularte. "Si me amaras, me darías ese reloj Apple. Ya sabes que recibir regalos es mi lenguaje del amor". ¿Qué responde el padre? "Te amo demasiado para darte un reloj Apple ahora. Eso vendrá cuando seas mayor, pero no ahora". Para quienes el principal lenguaje del amor es recibir regalos, en realidad "lo que cuenta es el detalle". Cuando recuerdas cuál es su barra de chocolate favorita, su pasatiempo u otros intereses, y le das algo que sabes que le gustaría, tu amor queda expresado claramente.

Tiempo de calidad: dar a tu adolescente tu atención exclusiva. No confundas tiempo de calidad con el simple hecho de encontrarse en la misma habitación. Puedes mirar un evento deportivo en la televisión con tu adolescente, pero eso no es tiempo de calidad a menos que antes o después del juego hables con él acerca del partido o de cualquier tema que él tenga en mente. Puede ser invitar a tu adolescente a desayunar o almorzar fuera, solos los dos, y escuchar sus inquietudes. Es no contestar el teléfono mientras lo escuchas.

Recuerdo a un joven que me contó que no se sentía amado por su padre. Cuando le pregunté por qué, él dijo:

—Nunca dedicamos tiempo a hablar.

—Yo pensé que me habías dicho que tú y tu padre iban a todos los partidos de fútbol de Wake Forest —dije.

—Sí, pero a él le gusta ir, no a mí. Yo nada más me siento ahí a su lado. No hablamos de camino al partido, ni durante el partido, ni en el regreso a casa después del partido. Como dije, nunca hablamos.

Era claro para mí que el lenguaje del amor de este adolescente era tiempo de calidad. Él quería la atención exclusiva de su padre. Él no se sentía amado con el simple hecho de sentarse al lado de su padre en un partido de fútbol.

Contacto físico: toques apropiados y edificantes como "chocar cinco", palmaditas en la espalda, abrazos o masajes en la espalda. Para estos adolescentes, el contacto físico es lo que los hace sentir amados. Los toques apropiados comunican el mensaje: "Te veo, te conozco, te amo". Una observación que he hecho es que en nuestra sociedad hipersexualizada y con los frecuentes reportes de abuso sexual doméstico, algunos padres tienden a abstenerse de abrazar a sus hijas adolescentes. Sin embargo, si el lenguaje principal del amor de la hija es el contacto físico y el padre no lo expresa como conviene, ella empezará a sentir que no la aman. En ocasiones, ella buscará a un joven que le brinde ese contacto físico, a veces de manera inapropiada. Es mucho menos probable que ella caiga en esa trampa si el padre expresa su amor brindándole el contacto físico edificante y apropiado.

Por favor no me malentiendas. No quiero decir que solo hables el principal lenguaje del amor del adolescente. El objetivo sería darle grandes dosis del lenguaje del amor principal combinado con los otros cuatro para un mayor efecto emocional. Lo ideal es que el adolescente pueda recibir y dar amor en los cinco lenguajes del amor. Así, el adolescente tendrá mayores probabilidades de triunfar en crear relaciones saludables en su vida adulta. Sin embargo, cuando no hablas el *principal* lenguaje del amor de tu adolescente, él no se sentirá amado, aunque hables algunos de los otros lenguajes.

Cuando no hablas el *principal* lenguaje del amor de tu adolescente, él no se sentirá amado.

¿Por qué los padres fallan a menudo en hablar el lenguaje del amor del adolescente? Una de las razones es que el padre nunca ha descubierto el principal lenguaje del amor de su hijo. Este problema se puede resolver fácilmente. Hazte tres preguntas: "¿Cómo se relaciona mi adolescente por regla general con las demás personas?". Si escuchas a tu adolescente expresando palabras de afirmación a otros, es probable que su lenguaje del amor sea ese. Si siempre está haciendo algo para ayudar a los demás, entonces quizá su lenguaje del amor sea actos de servicio. Por lo general, expresamos nuestro amor a otros en la manera en que nos gustaría recibirlo. En segundo lugar, pregúntate: "¿Cuáles son los reclamos más frecuentes de mi adolescente?". ¿Lo escuchas con frecuencia decir: "¡Nunca puedo complacerte!". Si es así, probablemente su lenguaje del amor sea palabras de afirmación. Si cuando regresas de la tienda de víveres tu adolescente dice: "¿Me compraste algo?", te está diciendo que su lenguaje del amor es recibir regalos. El reclamo del adolescente revela su lenguaje del amor. En tercer lugar, pregúntate: "¿Cuál es la petición más frecuente de mi adolescente?". Cuando mi hija era adolescente me decía: "Papá, ¿podemos salir a caminar después de la cena?". Ella me pedía tiempo de calidad. Si vas en un viaje de negocios y tu hijo dice: "¡No olvides traerme una sorpresa!", te está pidiendo un regalo. "¿Me rascas la espalda?" revela que su lenguaje del amor es el contacto físico.

Es muy probable que tu respuesta a esas tres preguntas te revele claramente el lenguaje del amor principal de tu adolescente. Tal vez desees también pedirle que complete el perfil del lenguaje del amor en el cuestionario gratuito en 5lovelanguages.com (solo disponible en inglés). Una madre dijo: "Le pedimos a nuestro hijo que respondiera el cuestionario y nos asombró descubrir que su lenguaje del amor fuera tiempo de calidad. Siempre habíamos dado por hecho que era palabras de afirmación, las cuales le habíamos brindado sin reservas. Fue asombroso ver cómo mejoró nuestra relación cuando empezamos a hacer caminatas con él y a darle atención exclusiva".

La segunda razón por la cual a los padres les puede parecer difícil hablar el lenguaje del amor de su adolescente es que nunca han recibido ese lenguaje del amor de sus propios padres. Un padre dijo: "Sé que el lenguaje del amor de mi hijo es contacto físico, pero mi padre nunca me abrazó y me cuesta mucho abrazar a mi hijo. Veo que su madre lo abraza y lo mucho que eso le agrada". La respuesta para este padre es dar pequeños pasos. Empieza con un pequeño golpecito en el hombro cuando pasas a su lado o choca cinco después de algún suceso positivo. Luego puedes dar palmaditas en el hombro. Esos pequeños pasos llevarán al abrazo.

La buena noticia es que puedes aprender a hablar cualquier lenguaje del amor siendo adulto, aun si no los recibiste en la infancia. Un padre dijo: "Mi padre nunca me dijo que me amaba. Cuando tuve a mi hijo, me prometí que le diría: 'Te amo', pero debo reconocer que fue difícil. Sin embargo, me alegra haberlo hecho porque ahora sé que su lenguaje del amor es palabras de afirmación".

Una tercera razón por la cual a los padres les puede parecer difícil hablar el lenguaje del amor del adolescente es lo que señalamos anteriormente: el adolescente está experimentando una serie de cambios profundos a nivel físico, emocional e intelectual. Aun si descubriste y hablaste su lenguaje del amor cuando era pequeño, es posible que ya no le interese más al llegar a la adolescencia. Una madre dijo: "Sé que el lenguaje del amor de mi hija es tiempo de calidad. Cuando era niña le encantaba jugar conmigo e ir de compras. Ya no le interesan esas actividades". Con frecuencia me preguntan: "¿Cambia su lenguaje del amor cuando se vuelven adolescentes?". No creo, pero debes aprender nuevos dialectos de su lenguaje del amor. Las maneras en las que expresabas antes el amor ahora les parecen infantiles. Los adolescentes cuyo lenguaje del amor es tiempo de calidad tal vez prefieran ir de excursión juntos o asistir a un evento deportivo o incluso conversar contigo, en vez de jugar.

A los diez años, la madre podía abrazarlo después del partido con todos sus amigos presentes, y él se sentía amado. Ahora él la aleja. Él todavía necesita contacto físico, pero lo necesita en privado, no delante de sus compañeros.

Cuando tu adolescente era pequeño podías decirle: "Eres muy dulce. Te amo mucho". Si las palabras de afirmación son su lenguaje del amor, todavía las necesitan, pero han de sonar más maduras, como: "Realmente admiro la manera en que dedicaste tiempo a hablar con Carolina cuando estaba enojada". Así que no tienes que aprender un nuevo lenguaje del amor, sino simplemente un dialecto diferente.

Como señalé antes, las emociones del adolescente son muy inestables frente a los sucesos cotidianos. Un adolescente cuyo lenguaje del amor es el contacto físico puede recibir un abrazo de su madre en la mañana, pero rechazar un abrazo en la tarde. ¿Por qué? Algo sucedió en la escuela que lo afectó emocionalmente. Una buena regla general con los abrazos es: si el adolescente se te acerca, es muy probable que reciba un abrazo. En cambio, si se distancia tal vez no. Intenta leer sus estados de ánimo y entenderás por qué tus expresiones de afecto pueden ser aceptadas o rechazadas.

Es importante que los padres entiendan que, cuando usan el lenguaje del amor de su adolescente para expresar desagrado, el corazón del joven se siente profundamente lastimado. Por ejemplo, si el lenguaje del amor del adolescente es palabras de afirmación, las palabras negativas son como un cuchillo que atraviesa su corazón. Cuando atacas verbalmente al adolescente con palabras ásperas y gritos, él se siente rechazado. Puede que también respondan con un ataque verbal, o puede que sufran en silencio, pero de cualquier modo van a sufrir.

Si el lenguaje del amor de un adolescente es el contacto físico y con enojo lo empujas, lo apartas o le das un bofetón, lo has herido de la peor forma posible. Nada que puedas decir o hacer lo herirá más profundamente que el maltrato físico. Si el tiempo de calidad es el lenguaje del amor de tu adolescente y siente que lo ignoras al tiempo que él se da cuenta de que pasas todo tu tiempo trabajando, jugando golf o pasando tiempo con sus hermanos menores, se sentirá desconectado de ti. Puede que lo lleves a un partido de fútbol profesional, pero si toda tu atención está en el juego y tratas a tu adolescente como un extraño que simplemente se sienta a tu lado, él saldrá de ahí con un vacío emocional.

Si los actos de servicio son el lenguaje del amor del adolescente y tú prometes ayudarle con un proyecto escolar, pero luego le dices que no tienes tiempo, simplemente le comunicas que hay algo más importante para ti que él.

No existen los padres perfectos. Todos fallamos de vez en cuando. Aun si conocemos el lenguaje del amor de nuestro adolescente, estamos ocupados con miles de responsabilidades y no logramos satisfacer su necesidad emocional de amor. Puede que caigamos en la trampa de expresar nuestra frustración con el comportamiento del adolescente de forma negativa, como describí anteriormente. No tenemos que ser perfectos para ser buenos padres, pero sí necesitamos enfrentar nuestras faltas disculpándonos con nuestro adolescente cuando fallamos.

> **No tenemos que ser perfectos para ser buenos padres, pero sí necesitamos enfrentar nuestras faltas disculpándonos con nuestro adolescente cuando fallamos.**

Algunos padres piensan que su adolescente les perderá el respeto si se disculpan. En realidad, sucede lo contrario; te ganarás su respeto por ello. Ellos ya saben que lo que tú hiciste o dijiste estuvo mal. Ellos ya sienten el dolor causado por tu mal proceder. Si te disculpas, es casi seguro que tu adolescente te perdonará y que la relación avanzará en una dirección positiva.

Espero que hayas empezado a ver cuán importante es que los padres descubran y hablen el principal lenguaje del amor del adolescente durante estos años de transición de la infancia a la vida adulta.

Me gusta imaginar el interior de cada adolescente como un "tanque de amor". Cuando el tanque está lleno, es decir, cuando el adolescente se siente profundamente amado por sus padres, el adolescente crecerá saludable emocionalmente. Por el contrario, cuando el tanque de amor está vacío, el adolescente no se sentirá amado. Andará por ahí en busca de amor, por lo general en los lugares equivocados. Pocas cosas son más importantes para la salud emocional de un adolescente que mantener el "tanque de amor" lleno.

Para más información acerca de la comprensión y la expresión del lenguaje del amor de tu adolescente, recomiendo leer *Los 5 lenguajes del amor de los jóvenes*. También puede que a tu hijo le interese leer *A Teen's Guide to The 5 Love Languages* ("Guía de los jóvenes a los 5 lenguajes del amor", solo disponible en inglés) que fue escrito exclusivamente para adolescentes. De paso, puede que el adolescente descubra que los padres también tienen un lenguaje del amor.

Quisiera dirigir unas palabras específicas a los padres de familias reconstituidas. Las dinámicas emocionales son muy diferentes entre un adolescente y su padrastro o madrastra. No basta con conocer el lenguaje del amor del adolescente. Por ejemplo, tal vez ya sabes que el lenguaje del amor del adolescente es el contacto físico. Así que procuras comunicarle amor con un abrazo y él te aleja. No te desanimes. Esto evidencia simplemente que aún no ha desarrollado un vínculo emocional contigo. Sí, el adolescente necesita contacto físico, pero debes empezar con toques menos cercanos, como chocar con los puños, chocar cinco o golpecitos en el hombro. Puede tomar tiempo que llegue a estar listo para un abrazo.

Detrás de las conductas confusas de tu hijo adolescente se esconde un anhelo apremiante de ser amado.

SUGERENCIAS Y RECURSOS ADICIONALES

Detrás de las conductas confusas de tu hijo adolescente se esconde un anhelo apremiante de ser amado. Los adolescentes están buscando respuestas a las preguntas más profundas de la vida. Están tratando de entender quiénes son, cuál es el lugar al que pertenecen y si ellos importan como personas, todo ello al tiempo que enfrentan nuevas realidades de soledad y aislamiento. Es un tiempo crucial para el desarrollo. Aun cuando parece que se alejan, ellos anhelan ser amados y quieren que tú tomes la iniciativa de buscarlos y de ganarse su corazón. ¿Cómo lograrlo? El siguiente recurso provee una ruta segura que señala el camino:

Los 5 lenguajes del amor de los jóvenes: El secreto para amar a los jóvenes con eficacia, por Gary Chapman

Esta inmersión en los cinco lenguajes del amor ayuda a explicar más cambios en el desarrollo de los adolescentes y ofrece a los padres herramientas prácticas para comunicarse en el lenguaje del amor de sus hijos. Tanto los padres como los hijos pueden realizar un breve test para determinar su lenguaje del amor en 5lovelanguages.com (solo disponible en inglés).

PREGUNTAS DE REFLEXIÓN Y APLICACIÓN

1. ¿Conoces el principal lenguaje del amor de tu adolescente? ¿Conoces tu propio lenguaje del amor?

2. ¿Qué pasos sugeridos en este capítulo podrías tomar para determinar cuál es el principal lenguaje del amor de tu adolescente?

3. Haz la siguiente pregunta a tu adolescente y anota su respuesta: "En una escala de 0 a 10, ¿cuánto amor sientes que te doy?". Si responden algo por debajo de 10, tal vez quieras preguntar: "¿Cómo podría hacer subir esa puntuación?". Su respuesta probablemente dé pistas acerca de su principal lenguaje del amor.

4. Sugiere a tu cónyuge que le haga la misma pregunta al adolescente y anota la respuesta. Es probable que tu hijo pregunte: "¿Qué está pasando? ¿Por qué me preguntan lo mismo?". Tú puedes decirle con franqueza: "Estamos tratando de aprender a ser mejores padres. Te amamos, pero queremos asegurarnos de que te sientes amado".

---

5. Invita a tu adolescente a responder el cuestionario gratuito en línea para adolescentes (solo disponible en inglés). ¿Estarías también dispuesto a responder el cuestionario gratuito para parejas? Puedes encontrar ambos en 5lovelanguages.com (solo disponible en inglés).

6. ¿Hay algo por lo que debas disculparte con tu adolescente? Si es así, anótalo. ¿Por qué no hacerlo hoy mismo?

Capítulo 4

Lo que me hubiera gustado saber...

Sobre la búsqueda de independencia de los adolescentes

Para cuando un adolescente llega a los dieciocho años de edad, necesita haber desarrollado cierto nivel de independencia. Por lo general, a esa edad están terminando la secundaria y se preparan para ir a la universidad, al ejército o a conseguir un trabajo (eso esperamos). Como padres, sabemos que no queremos que nuestros hijos vivan en nuestra casa hasta los treinta años sin trabajo, sin educación y sin ambiciones. Prevemos que cuando sean adultos serán capaces de sostenerse económicamente, tomar decisiones sabias y aportar positivamente a la sociedad. Queremos que sean de los que "dan", no de los que "toman" nada más. Queremos que enriquezcan al mundo y que no dependan de los padres ni de otros para su supervivencia.

Si nuestros hijos han de convertirse en adultos responsables, el proceso debe empezar en sus años adolescentes. En lo profundo de la psique adolescente está el deseo de independencia. Algo sucede en el cerebro adolescente que activa el pensamiento: "Mis padres han hecho cosas por mí toda mi vida. Han tomado todas mis decisiones. Ahora me corresponde a mí tomar mis propias decisiones. Yo puedo ocuparme de mí mismo. Ya no soy un niño". Me hubiera gustado saber que mi papel como padre era alentar este espíritu de independencia, en lugar de tratar de aplastarlo. Me hubiera gustado saber que fomentar ese deseo natural de independencia es mucho mejor que tratar de frenarlo o ignorarlo. Me hubiera gustado saber que el impulso de independencia es algo positivo, no negativo, y que como padre yo debo promover y guiar el proceso. Tu hijo o hija está empezando a establecer su propia identidad, a descubrirse a sí mismo aparte de ti. Tú puedes ayudarlo a lo largo del proceso.

RESPETAR SU ESPACIO

El deseo de independencia se expresará en varios aspectos de la vida. Uno de los primeros lugares donde surge el deseo de independencia es el *deseo de tener un espacio propio*. Quizás tu adolescente ha vivido con un hermano menor y te pida su propia habitación. Tal vez incluso te diga: "¿Puedo mudarme al ático o al sótano?". Si puedes y quieres proveerle su propio espacio, tu adolescente decorará su habitación como ni te lo imaginas. Es su manera de convencerse a sí mismo, y a ti, de que está creciendo, que es único, que tiene cosas que le gustan y otras que no, que es parte de la familia, pero también un individuo aparte.

En los escenarios sociales, ese mismo deseo de independencia lo llevará a preferir sentarse con sus amigos en lugar de con su familia. Ya sea en eventos deportivos, teatros o la iglesia, querrá ser visto como un individuo, no simplemente como parte de la familia. Si necesita o desea ropa nueva, preferirá comprarla sin ti. Con todo, si como padre que se preocupa decides que por el hecho de pagar la ropa tú quieres tener la última palabra en lo que compra, tu adolescente pedirá entonces que vayan de compras cuando sus amigos no estén presentes. (O simplemente hacer el pedido en línea). Tu adolescente no desea ser visto contigo porque desde su perspectiva eso lo hace ver como un niño y no como un adolescente.

Tu adolescente no desea ser visto contigo porque desde su perspectiva eso lo hace ver como un niño y no como un adolescente.

Es posible también que en sus relaciones con la familia extendida percibas que tu adolescente demuestra ese impulso hacia la independencia. Por ejemplo, si le recuerdas a tu adolescente que el cumpleaños de la abuela es la próxima semana y que todos "van a ir a su fiesta el próximo sábado", es posible que tu adolescente diga: "No quiero ir". Como padre, eso te espanta porque tu familia ha ido a la fiesta de cumpleaños de la abuela desde que los niños eran pequeños. Antes de estallar de enojo para decir: "Vas a ir con nosotros. Ella es tu abuela y vamos a celebrar su cumpleaños", ¿por qué no le preguntas a tu adolescente la razón por la cual no quiere ir? De ese modo lo tratas como un adolescente que está desarrollando su independencia. Si él dice: "Es aburrido ir allá. Lo único que hacemos es sentarnos y hablar. Quiero divertirme con mis amigos el sábado", puedes responderle: "Te entiendo. Si yo tuviera tu edad tal vez me sentiría igual. Sin embargo, esta es una ocasión en la que hay que dar prioridad a la familia". De esa forma has validado sus sentimientos y no lo has acusado de ser desleal con su abuela. Si bien tú eres el padre y quien toma la decisión final, puedes hacerlo de un modo que afirme el deseo de independencia de tu adolescente.

A los padres les puede resultar difícil procesar estos deseos del adolescente de ser diferente de ellos. Pueden considerarlos falta de gratitud por lo que han hecho por el adolescente. Una pregunta que muchos padres se plantean es: "¿Por qué quiere distanciarse de nosotros cuando somos su familia?". La respuesta es simple: Porque están avanzando hacia la independencia.

Es posible también que los adolescentes *deseen tener un espacio emocional*. Puede que no sean tan conversadores como lo eran siendo niños. Puede que su tendencia sea reservarse sus pensamientos y sentimientos. Cuando les preguntan: "¿Qué pasa?", bien pueden responder: "Nada". Cuando eran pequeños comunicaban libremente sus emociones, pero en la adolescencia es posible que sean reacios a confesar: "Temo que voy a reprobar álgebra" o "Estoy triste porque mi amigo en la escuela ya no quiere ser mi amigo". El adolescente quiere aparentar ser fuerte y autosuficiente. Los jóvenes se muestran reticentes a expresar sus emociones porque piensan que hacerlo es una señal de debilidad. Tal vez rechacen tus expresiones de afecto. Esto puede resultar doloroso para los padres que no entienden lo que sucede en la mente y en las emociones del adolescente.

El adolescente quiere aparentar ser fuerte y autosuficiente.

Las emociones del adolescente son como una montaña rusa, fluctúan a lo largo del día. En un momento puede que se sienta en la cima y una hora más tarde en un pozo profundo, según las circunstancias que enfrenta en la jornada. A menudo no quiere que sus padres sepan lo que siente porque prefiere que no intervengan ni traten de hacer algo respecto a la situación que desencadenó esas emociones. Un adolescente dijo: "No le conté a mis padres que el profesor me dio una mala calificación porque le confesé que mi papá me había ayudado a escribir la tarea. Yo sabía que ellos buscarían hablar con el profesor y eso me causaría más problemas".

La búsqueda de independencia del adolescente supone muchas veces el distanciamiento emocional. Si los padres entienden esta realidad, no lo interpretarán como rechazo.

Hay numerosas maneras en las cuales un adolescente expresa su búsqueda de independencia. Es muy probable que prefiera un estilo de música diferente al tuyo. Su elección puede depender en gran medida del estilo musical popular en la cultura del momento. Criticar la música del adolescente es criticar al adolescente. Es su elección y con ello repruebas su elección. Será mucho más edificante que leas las letras de las canciones y hagas comentarios positivos en la medida de lo posible. Digo que leas las letras porque es posible que no las entiendas cuando son interpretadas por el músico favorito de tu hijo.

Esta es un área en la que creo que hice lo correcto. Recuerdo cuando mi hijo se aficionó a Buddy Holly y luego a Bruce Springsteen. (Sé que algunos de ustedes no son lo bastante mayores para recordar a Buddy Holly, un roquero de los años 50). Leí las letras de las canciones y busqué detalles acerca de los cuales pudiera comentar algo positivo y comunicarlo a mi hijo. En alguna ocasión le dije: "Derek, voy a dar una conferencia en Forth Worth, Texas. ¿Te gustaría ir conmigo? Y cuando termine de hablar en el evento podemos pasar por Lubbock para descubrir la ciudad natal de Buddy Holly". Él respondió: "¡Claro! ¡Me encantaría!". (Yo no tenía idea de lo lejos que estaba Lubbock de Forth Worth. ¡Tuve que conducir un buen rato!).

Pasamos un día entero siguiendo las indicaciones que nos dio la Cámara de Comercio. Fuimos a la casa donde nació el cantante, las escuelas a las que asistió, la iglesia donde se casó y donde oficiaron su funeral, la emisora radial que transmitió su primer álbum, el club Cotton donde tocó su música en la localidad y el cementerio donde fue enterrado. En el camino de regreso desde Lubbock a Forth Worth hablamos acerca de todo lo que habíamos visto y oído, y nos preguntamos qué habría sucedido si Buddy Holly no hubiera muerto en el accidente aéreo que puso fin a su vida hace décadas. Para ser sincero, a mí no me interesaba Buddy Holly (ya estaba muerto), pero me interesaba mi hijo y yo quería que él supiera que yo apreciaba su gusto musical.

Más adelante hicimos un viaje similar a la casa de Bruce Springsteen en Nueva Jersey. Luego, cuando mi hijo fue a la universidad y tomó una clase de apreciación musical, se integró a la orquesta sinfónica. Así descubrí lo que era un oboe. Lo que quiero decir es que, cuando expresamos aprecio por las elecciones de nuestro adolescente y buscamos el lado positivo de esas elecciones, afirmamos su independencia y su capacidad de tomar decisiones sabias.

Quizá descubras también que tu adolescente empieza a hablar con un lenguaje diferente. Usará palabras que nunca has oído. Esta es otra manera en que la cultura ayuda a los adolescentes a expresar su independencia. Ellos tienen sus propios códigos que tienen sentido para ellos y no para los adultos. Desearán usar ropa que a ti te resulta difícil de imaginar. Su peinado o el color de su cabello pueden parecerte escandalosos, al igual que tatuajes y piercings. Recuerdo cuando nuestro hijo volvió a casa después de su primer semestre de universidad con el cabello anaranjado y, el año siguiente, calvo. Sí, se veía muy diferente a mi parecer, pero él estaba en el proceso de expresar su independencia y yo logré comprender de lo que se trataba.

Para el padre o la madre que carece de información o no logra percatarse de la transición natural hacia la independencia en los años adolescentes, estas cosas pueden ser desconcertantes. Su tendencia será condenar o al menos cuestionar al adolescente. Con ello crean una barrera emocional entre los dos. Por el contrario, cuando afirmamos la búsqueda de independencia de nuestro adolescente, lo preparamos para la vida adulta.

Cuando afirmamos la búsqueda de independencia de nuestro adolescente, lo preparamos para la vida adulta.

INDEPENDENCIA CON RESPONSABILIDAD

Con el desarrollo de la independencia viene el desarrollo de la responsabilidad. Cuando tu adolescente se convierte en adulto y se muda lejos de casa, será libre para tomar todas sus decisiones. Sin embargo, es necesario que aprenda la realidad de que cada decisión acarrea consecuencias, negativas o positivas, según sean tomadas o no con sabiduría. Si nunca ha aprendido a ser responsable por las decisiones que toma y por ende aceptar las consecuencias, posiblemente tendrá dificultades matrimoniales. ¿Quién quiere vivir con un cónyuge irresponsable que solo quiere independencia sin responsabilidad?

Esta actitud de responsabilidad debe aprenderse en los años adolescentes cuando se busca la independencia. Hay muchos escenarios en los cuales se puede enseñar la responsabilidad. Por ejemplo, al tiempo que se le da al adolescente la oportunidad de tener su propio espacio en el ático, en el sótano o en otra habitación, él o ella debe aceptar la responsabilidad de limpiar las decoraciones que elija poner y de aspirar o barrer el piso una vez por semana. Si incumple sus responsabilidades deben aplicarse las debidas consecuencias.

Una gran prueba de responsabilidad llega cuando el adolescente llega a la edad de conducir un auto. Este es un rito de paso para adolescentes. La mayoría esperan con ansias el día en que pueden conducir. Por mucho tiempo he exhortado a los padres a impartir a sus adolescentes la realidad de que el privilegio de conducir un auto acarrea la responsabilidad de ponerle combustible a tiempo y de lavarlo cuando hace falta. La mayoría de los adolescentes responderán a esa solicitud si está acompañada de la libertad de conducir el auto familiar o un auto que les hayas ayudado a adquirir. Si ellos no cumplen con su responsabilidad, pierden el privilegio de conducir el auto por dos días, en la segunda ofensa por cuatro días y en la tercera ofensa una semana. No puedo garantizar que no pierdan el privilegio de conducir el auto más de una o dos veces. Ante todo, están aprendiendo que con la independencia viene también la responsabilidad.

La libertad para conducir el auto viene acompañada también de la obligación de acatar las leyes locales de tráfico. Si el adolescente transgrede esas leyes, ya sea con una multa policial o porque el padre o la madre lo descubren, también debe perder privilegios durante un tiempo determinado.

Si provees un teléfono a la edad que consideras prudente, con esa decisión debe venir el compromiso del adolescente de usar su dispositivo de manera responsable. El padre o la madre deben tener acceso sin restricciones al teléfono de su adolescente. Si ellos usan el teléfono para maltratar a otras personas, enviar fotos o mensajes de texto inapropiados, ver pornografía o cualquier otro uso que consideres perjudicial para su desarrollo, perderán el derecho a usar el teléfono por un tiempo determinado. Como en los casos anteriores, la independencia y la responsabilidad deben ir juntos.

El cuidado de las mascotas es otra área en la que los adolescentes pueden practicar la responsabilidad. A los trece años, mi nieto rogó a sus padres que le dieran un perro. Mi hija, la madre de él, no es muy aficionada a los perros, de modo que se resistió. Sin embargo, a su tiempo accedió con una condición: "Si te conseguimos un perro serás responsable de alimentarlo, darle agua y bañarlo". Fue así como Kona vino a vivir a su casa y mi nieto aprendió que con la libertad de tener un perro viene la responsabilidad de cuidar de él. Kona era un perro mayor que ya estaba entrenado, de modo que no tuvo la responsabilidad de entrenarlo. Pocos años después, cuando Kona murió, yo le pregunté si quería conseguir otro. Él respondió: "No, abuelo. Ya hice eso". Tengo curiosidad por saber si deseará tener un perro cuando sea adulto.

Cada miembro de la familia debe tener responsabilidades acordes con la edad. Hay mucho que hacer en un hogar para simplemente mantener el flujo normal de la vida. Alguien debe cocinar, lavar los platos, aspirar el piso, limpiar el espejo y el inodoro, pasear el perro, etcétera. Si los hijos crecen teniendo responsabilidades en el hogar, posiblemente estarán más dispuestos a aceptar tus esfuerzos en enseñarles mayores responsabilidades en los años adolescentes.

Necesitamos enseñar responsabilidades y enseñar las habilidades necesarias para la vida. Yo sugiero que los padres y los adolescentes redacten una lista de todo aquello que les gustaría que su adolescente fuera capaz de hacer para cuando cumpla dieciocho años. La lista debe incluir las responsabilidades domésticas que acabo de mencionar. Sin embargo, debe incluir también cómo hacer funcionar una cortadora de césped, cómo cambiar la bolsa de la aspiradora, cómo lavar y secar la ropa, cómo comprar víveres y cómo cocinar. A los padres puede sorprenderles algunas habilidades que su adolescente quisiera aprender. Si tu familia tiene aficiones náuticas, practica el esquí, la pesca, la caza u otra actividad recreativa, el adolescente necesita aprender todas esas habilidades y las reglas de seguridad de cada una. Si los padres del adolescente tienen una visión clara de las habilidades que les gustaría que adquiera el adolescente para cuando tenga dieciocho años, si le enseñan de manera sistemática las habilidades y le delegan responsabilidades, posiblemente vivirán para ver a su adolescente convertirse en un adulto responsable.

El manejo cuidadoso del dinero es indispensable en la vida adulta y debe empezar desde temprano. Sin embargo, los adolescentes no pueden administrar dinero cuando no lo tienen. Hay dos maneras de solucionar este dilema. Una es que el adolescente consiga un trabajo a tiempo parcial. Esto es posible si no está involucrado en alguna práctica deportiva o en otras actividades extracurriculares. Con todo, si está demasiado ocupado, los padres podrían optar por darle una pensión mensual y definir claramente lo que el adolescente debe comprar con ese dinero. En un momento dado sugiero que abras una cuenta bancaria para tu adolescente, de tal modo que aprenda a realizar un balance mensual bancario. Anímalo a ahorrar un determinado porcentaje del dinero que recibe y a donar otro tanto. Ahorrar y dar son dos acciones que enriquecerán la vida del adolescente. La administración responsable del dinero es una habilidad muy necesaria cuando llegan a la vida adulta.

Una de las tragedias de nuestros días es el hecho de que muchos adolescentes crecen en un hogar donde no tienen responsabilidades. Los padres se encargan de todas las tareas domésticas. Los padres les dan a los hijos todos los útiles escolares y todo lo que necesitan para la vida, pero nunca les enseñan responsabilidad. Estos adolescentes llegan a la vida adulta con grandes deficiencias.

> **Una de las tragedias de nuestros días es el hecho de que muchos adolescentes crecen en un hogar donde no tienen responsabilidades.**

Vale la pena preguntarse: ¿Qué habilidades necesitará tu adolescente a fin de prepararse para entrar en la fuerza laboral? Algunas habilidades estarán relacionadas con la tecnología y con la formación para un empleo futuro, independientemente del sector. Además, todo adolescente necesita habilidades "sociales" esenciales como la inteligencia emocional y la capacidad de comunicarse con eficacia. Estas son determinantes en su transición a la adultez.

Hace poco tuve una cena con un grupo de jugadores profesionales de fútbol. En algún momento, empezamos a hablar acerca de lo que harían cuando ya no pudieran seguir practicando el deporte. Un jugador dijo: "El problema es que no sé hacer nada aparte de jugar fútbol. Hemos jugado desde que éramos niños y es lo único que sabemos hacer". Otros jugadores estuvieron de acuerdo. Entonces un jugador interpuso: "Yo le estoy enseñando a mi hijo a usar una cortadora de césped". Otro añadió: "Mi hijo tiene un amigo cuyo padre es ebanista y tiene un taller en su garaje. Así que mi hijo y su amigo están aprendiendo a hacer muebles". Me impresionó ver que estos jugadores se preocuparan porque sus adolescentes adquirieran habilidades que ellos no habían aprendido. ¿Qué habilidades quieres que desarrolle tu adolescente antes de los dieciocho años?

Como padres debemos fomentar y alentar la búsqueda de independencia en los años adolescentes, pero también debemos enseñarles que con una mayor independencia viene una mayor responsabilidad. Repito: La independencia sin responsabilidad produce adultos irresponsables.

SUGERENCIAS Y RECURSOS ADICIONALES

En los primeros años, los padres toman frecuentes decisiones por el bien de sus hijos. A medida que los niños entran en la adolescencia y empiezan a convertirse en adultos, el papel de los padres es capacitar a los adolescentes para que empiecen a tomar esas decisiones por sí mismos. Tomar decisiones es la manera de avanzar hacia la independencia.

Ayudar a un adolescente a pasar a la adultez responsable precisa mantener una tensión deliberada entre orientarlo y darle libertad. Estos son algunos recursos adicionales que pueden ayudarte a navegar áreas específicas para facilitar la transición de tu adolescente hacia la vida adulta y permitirle independizarse:

Ser padres con amor y lógica: Cómo enseñar responsabilidad a los niños, **por Foster Cline y Jim Fay**

Este recurso te ayudará a criar niños seguros de sí mismos, racionales y listos para el mundo real. Tus hijos tendrán la ventaja de aprender a resolver sus propios problemas, al mismo tiempo que adquirirán la seguridad en sí mismos que necesitan para enfrentar los desafíos de la vida.

Houzz y *Pinterest*, apps y sitios web de decoración

Crear un espacio personal es parte de crecer hacia la independencia. Una manera práctica de acompañar a tu adolescente es ayudarle a tomar decisiones y alentar la creatividad. Existen un sinnúmero de páginas web y apps de diseño como Houzz y Pinterest que pueden servir como fuentes de ideas. Pasar tiempo con tu hijo mirando imágenes puede darte una idea acerca de sus preferencias de estilo y sus intereses.

Límites con los adolescentes: Cuándo decir «sí», cómo decir «no», por John Townsend

Para ayudar a los adolescentes a convertirse en adultos sanos, los padres deben enseñarles a asumir la responsabilidad de sus acciones, actitudes y emociones. En este conocido éxito de librería, el Dr. Townsend ofrece sólidos principios para ayudarte a lidiar con las actitudes irrespetuosas y a establecer límites saludables con tus hijos.

PREGUNTAS DE REFLEXIÓN Y APLICACIÓN

1. ¿Qué avances hacia la independencia has observado en tu adolescente o preadolescente?

   _____

   _____

   _____

   _____

2. Reflexiona acerca de tus propios años adolescentes. ¿Qué esfuerzos hiciste para consolidar tu propia independencia?

   _____

   _____

   _____

   _____

3. ¿Has afirmado o condenado los esfuerzos de tu adolescente para expresar su independencia?

   _____

   _____

   _____

   _____

4. ¿Qué responsabilidades tenías siendo adolescente? ¿Qué habilidades habías desarrollado para cuando cumpliste dieciocho años?

   _____

   _____

   _____

   _____

5. ¿Qué responsabilidades le exiges ya a tu adolescente o preadolescente? ¿Qué responsabilidades adicionales podrías explorar?

_____

_____

_____

_____

6. Haz una lista de todas las cosas que te gustaría que tu adolescente fuera capaz de hacer para cuando llegue a los dieciocho años. Pídele que te ayude a redactar la lista. Luego, hablen acerca de qué habilidades se pueden enseñar y aprender ahora.

_____

_____

_____

_____

_____

_____

_____

Capítulo 5

Lo que me hubiera gustado saber...

Sobre la necesidad de los adolescentes de aprender habilidades sociales

El éxito en la vida depende en gran medida de la manera en que nos relacionamos con otras personas. Si los adolescentes no aprenden buenas habilidades sociales en casa, ¿dónde van a aprenderlas? La realidad es que muchos adultos pierden empleos, fracasan en sus matrimonios y su salud mental sufre porque nunca aprendieron a relacionarse con otras personas de manera saludable. Creo que uno de los papeles más importantes de los padres es enseñar a los hijos habilidades sociales. Lo ideal es que esto haya empezado en la infancia. Sin embargo, nunca es demasiado tarde para empezar. Me hubiera gustado saber que ayudar a un adolescente a desarrollar habilidades sociales es tan importante como velar para que reciban una buena educación.

El éxito en la vida depende en gran medida de la manera en que nos relacionamos con otras personas.

En este capítulo quiero presentar cuatro habilidades sociales que todo adolescente necesita aprender. Buscaré enfocarme en maneras prácticas en las que los padres pueden ayudar al adolescente a adoptar estas habilidades como un estilo de vida. Cuando estas habilidades se conviertan en parte de su carácter, mejorarán las relaciones del adolescente tanto ahora como en el futuro.

LA HABILIDAD DE EXPRESAR GRATITUD

La gratitud no es genética. Si escuchas a un adolescente expresando gratitud es porque lo aprendió de alguien, muy probablemente de sus padres. La gratitud es una manera de pensar acerca de la vida. Se enfoca en lo que tienes, no en lo que te falta. Algunos adolescentes son famosos por sus quejas acerca de lo que no tienen: "Todos en mi clase tienen uno de esos, menos yo". El adolescente agradecido sin duda tiene deseos, pero da gracias por lo que ya tiene. Entonces, ¿cómo enseñamos a los adolescentes a reemplazar la queja por la gratitud?

Todo empieza con la actitud de los padres. ¿Eres agradecido o quejumbroso? ¿Cómo crees que tu adolescente respondería esa pregunta? ¿Estarías dispuesto a pedir a tu adolescente que te califique de 0 a 10 en términos de gratitud? Esta fue la respuesta de un adolescente: "Bueno, mamá, tú eres agradecida, pero te quejas mucho. Yo te daría un 4". Su mamá quedó aterrada, pero supo la percepción que tenía su hijo de ella. Difícilmente podemos enseñar a nuestro adolescente algo que nosotros no hemos aprendido aún.

Algo maravilloso del ser humano es nuestra capacidad de cambiar de actitud. Una vez que cambiamos nuestra manera de pensar acerca de la vida, se reflejará en nuestras palabras y en nuestro comportamiento. Así que tal vez puedas convertir esto en un "proyecto familiar". Reúne a tu familia y diles algo así como: "He estado pensando acerca de lo mucho que me he quejado últimamente. No me gusta eso de mí. Así que voy a esforzarme por reemplazar la queja por gratitud. En lugar de quejarme por algo, voy a empezar a buscar motivos para estar agradecido. Durante las próximas tres semanas voy a pedirles que me llamen la atención cada vez que me oigan quejándome o protestando. Cuando lo hagan, me detendré a pensar y les diré dos motivos por los cuales estoy agradecido. ¿Están todos dispuestos a ayudarme?". La mayoría de los hijos, tanto adolescentes como pequeños, participarán con gusto en esa clase de proyecto. Sería ideal que ambos padres estuvieran dispuestos a recibir la ayuda de los hijos. Los hábitos y las actitudes pueden cambiar en tres semanas.

Al cabo de tres semanas, ¿qué te parecería reunir de nuevo a tu familia para agradecer a tus hijos su ayuda? Posteriormente, organiza otro proyecto de tres semanas. Cada miembro de la familia que tenga edad para escribir anota el nombre de los demás miembros de la familia en la parte superior de una hoja de papel, con una hoja por cada miembro de la familia. Cada semana, cada uno escribirá en la hoja correspondiente tres cualidades que admiran de los demás miembros de la familia. Planeen una reunión semanal donde cada uno lee en voz alta sus anotaciones a los demás. Puedo predecir que todos se sorprenderán y se sentirán muy animados por lo que los adolescentes y los niños de la familia escriben acerca de los demás y de sus padres.

Otros proyectos para cultivar la gratitud deberían enfocarse en "cosas" por las cuales estamos agradecidos. Por ejemplo, lleva a cada miembro de la familia a una habitación o lugar diferente de la casa y diles que enumeren cinco cosas que ven ahí por las cuales están agradecidos. Otra semana, pueden salir todos de la casa y enumerar cinco cosas que agradecen de la naturaleza o cinco cosas que agradecen acerca de Dios. Otra idea es un alfabeto de gratitud en el que cada miembro de la familia tiene como reto hacer una lista de las cosas por las cuales están agradecidos que empiecen por cada letra del alfabeto.

Una vez por semana durante la cena, podrían pedirle a un miembro de la familia que exprese un motivo de gratitud por la persona que tiene a su derecha o a su izquierda. Escribir una nota de agradecimiento a uno de los abuelos que le ha dado un regalo o a un profesor de años anteriores que fue de ayuda en su vida le permite al adolescente tener presente a las personas y las cosas que merecen gratitud. Esa clase de experiencias familiares ayudará a cultivar una actitud agradecida en el corazón del adolescente. El adolescente que convierte la gratitud en un estilo de vida tendrá una ventaja notable para desarrollar relaciones saludables.

Un estudiante de primer año de universidad dijo: "Una de las cosas que aprecio de mis padres es el haberme enseñado a ser agradecido. Muchos de mis compañeros se quejan por todo. Ni siquiera disfruto estar con ellos. Son muy negativos. Como mi padre dice siempre: 'Mira el vaso medio lleno, no medio vacío'. Estoy muy agradecido por tener la oportunidad de estar en la universidad. Quiero aprovechar al máximo estos cuatro años. Cada mañana me despierto y doy gracias a Dios porque estoy vivo y porque tengo esta oportunidad". ¿Qué padre o qué madre no quisiera oír palabras como esas en boca de su hijo o su hija?

LA HABILIDAD DE HACER PREGUNTAS

Hacer preguntas es una habilidad social que todo adolescente necesita. Siempre me ha intrigado que los niños pequeños no paran de hacer preguntas, pero cuando llegan a la adolescencia muchas veces se vuelven callados. Tal vez cuestionan las ideas o las decisiones de sus padres, como vimos en el capítulo 1, pero rara vez hacen preguntas a sus compañeros o a otros adultos que encuentran en su camino. Creo que esto se origina en el deseo del adolescente de parecer competente. Con frecuencia, los padres dicen: "Ahora que es adolescente cree que lo sabe todo". Me encontraba rebuscando en un mercado callejero en San Antonio cuando vi una placa con estas palabras: "¡Adolescente! ¿Estás cansado de que tus padres te fastidien? Actúa ya. Múdate, consigue un empleo, paga tus propias cuentas… mientras todavía lo sabes todo".

Los adolescentes quieren ser respetados, admirados y aceptados. Creen que para lograr ese objetivo deben parecer competentes. No quieren parecer tontos, de modo que aparentan que son inteligentes. Por dentro, tienen las mismas inseguridades que tú tenías cuando fuiste adolescente. Ellos intentan compensar sus inseguridades. Si los padres tratan de entender esta realidad, juzgarán menos la actitud "sabelotodo" de su adolescente.

Sin embargo, no me refiero aquí a hacer preguntas para adquirir conocimiento. Me refiero a hacer preguntas porque se tiene un interés sincero en conocer a las personas. Estas preguntas nacen de la convicción de que cada individuo es una persona valiosa, es decir, que, si haces preguntas acerca de la experiencia personal de otra persona, puedes aprender algunas "lecciones de vida" que nunca descubrirías en el devenir cotidiano.

Los adolescentes no aprenderán la habilidad de hacer preguntas a menos que los padres se propongan enseñarla y ser ejemplo para ellos. ¿Te escuchan hacer preguntas acerca de tu cónyuge cuando conversan durante las comidas? ¿Pides la opinión del adolescente acerca del tema? ¿Animas a cada miembro de la familia a pedir la opinión de alguien que no sea de la familia acerca del tema, para luego comentarla a todos? Si la práctica de hacer preguntas es parte integral de la vida familiar, será más probable que el adolescente lo haga con sus compañeros y sus maestros.

Si tu adolescente expresa interés en una profesión particular, ¿por qué no buscar a alguien afín y pedirle que hable con tu adolescente acerca de su experiencia profesional? Invita al adolescente a anotar una lista de preguntas que podría hacerle. Pueden ser preguntas como: "¿Qué te llevó a interesarte en tu vocación? ¿Qué entrenamiento exigió? ¿Qué es lo que más te gusta de tu trabajo? ¿Qué te parece más difícil? ¿Qué consejo me darías si yo quisiera seguir esa carrera?". Si bien la mayoría de los adultos están dispuestos a hablar acerca de su vida, la mayoría de los adolescentes no hacen esas preguntas porque nunca han desarrollado la habilidad social de hacer preguntas.

¿Qué tal si animas a tu adolescente a tener una conversación con cada uno de sus abuelos? Puedes ayudarle a hacer una lista de preguntas que le gustaría hacer. ¿Cómo era la vida cuando eras adolescente? ¿Qué disfrutabas hacer más y cuál fue tu mayor desafío? ¿Cómo eran tus padres cuando fuiste adolescente? ¿Cómo fue para ti ser papá/mamá de mi papá/mamá? ¿Cómo fueron ellos de adolescentes? Luego puedes hacer preguntas acerca de su vocación, su matrimonio, su religión y otros temas. Con suerte, esa no será la única conversación, sino una forma de relacionarse cuando los adolescentes pasen tiempo con los abuelos. Por lo general, a los abuelos les encanta hablar acerca de sus experiencias si los adolescentes demuestran interés. Ayuda a tu adolescente a redactar una serie de preguntas que pueden formular a sus compañeros, como:

- ¿Dónde naciste?
- ¿Cuál es tu primer recuerdo de la infancia?
- Qué te gustaba hacer cuando estabas en preescolar?
- ¿A qué escuela primaria fuiste?
- ¿Quién era tu profesor favorito? ¿Quién era el peor y por qué?
- ¿Quién es tu profesor favorito este año?
- ¿Cuál es tu clase favorita?
- ¿Cómo describirías a tu papá o a tu mamá?
- ¿Tienes hermanos o hermanas? ¿Cómo son?
- ¿Crees que vas a ir a la universidad cuando termines la secundaria? ¿A cuál te gustaría ir?
- ¿Qué crees que te gustaría hacer cuando seas adulto?
- ¿Vas a la iglesia?
- ¿Tiene tu iglesia un grupo de jóvenes? ¿Qué te gusta más del grupo?
- ¿Cuál es tu deporte predilecto?
- ¿Cuál es tu equipo predilecto?
- ¿Tocas un instrumento musical?
- ¿Cuál es tu canción favorita?

Los adolescentes que manifiestan interés en la vida de otros adolescentes cultivan amistades significativas y desarrollan una habilidad social que les será de gran utilidad en el mundo adulto.

De vez en cuando converso con algún adolescente en la entrada de la iglesia y les hago las preguntas que acabo de enumerar. Por lo general están dispuestos a darme respuestas. Muchas veces siento que les sorprende que yo me interese en ellos. Sin embargo, rara vez alguno de ellos me pregunta acerca de mi infancia o de mi vida como adolescente, o me hace preguntas acerca de mi vocación. Es evidente que no han sido entrenados en la habilidad de hacer preguntas. Reitero que nunca es demasiado tarde para empezar.

El adolescente que aprende a hacer preguntas nunca encontrará a un extraño que siga siendo un extraño. Antes bien, cultivará amistades fuertes y contará con esta gran ventaja en su profesión. Por regla general, a las personas les agrada quienes expresan interés en ellas haciéndoles preguntas sobre su vida. Las preguntas comunican respeto y aprecio, algo que todos los seres humanos anhelan.

LA HABILIDAD DE ESCUCHAR

Oír y escuchar son dos acciones diferentes. Oímos cada sonido que toca nuestros tímpanos. Oímos una sirena a lo lejos. Oímos el zumbido del aire acondicionado. Salvo para los sordos, oír es simplemente uno de nuestros cinco sentidos y no exige esfuerzo alguno de nuestra parte. Escuchar es una habilidad que se adquiere y que exige esfuerzo de nuestra parte. El adolescente que aprende la habilidad social de escuchar cuando otros hablan posee una ventaja única en la vida. Con seguridad forjarán relaciones más saludables y serán más exitosos en su profesión.

Escuchar es una habilidad que se adquiere y que exige esfuerzo de nuestra parte.

¿Cómo enseñan los padres esta importante habilidad social a sus adolescentes? Como tantas otras enseñanzas, empieza con el ejemplo. El desafío para algunos padres es que ellos mismos nunca han desarrollado esas habilidades. La buena noticia es que todos podemos aprender a escuchar a otros. Así pues, ¿cuáles son algunas claves para desarrollar esta habilidad?

Todo empieza con valorar a otros. Si alguien me habla es porque tiene algo que desea comunicar. Tiene pensamientos y sentimientos que quiere que yo entienda. Si verdaderamente valoras a esa persona, te esforzarás por ofrecerles tu atención exclusiva. Entender y ser entendido es una pieza fundamental para las buenas relaciones. Cuando yo elijo valorar a la persona que habla, estaré muy motivado a aprender las habilidades que supone saber escuchar.

Entre esas habilidades ninguna es más importante que dar a la persona que habla nuestra atención exclusiva. Esto puede ser un verdadero desafío en nuestro mundo lleno de distracciones. Piensa en la última vez que escuchaste a tu cónyuge o a tu adolescente. ¿Respondiste a la alerta de un mensaje de texto mientras hablaban? En ese caso, simplemente comunicaste que alguien "allá afuera" es más importante que ellos. (Es comprensible si eres un médico o alguien que debe estar disponible las 24 horas del día, pero al menos puedes decir: "Me interesa mucho lo que estás diciendo. No te vayas. Solo déjame ver si se trata de una emergencia"). La mayoría de nosotros tenemos que romper el hábito de mirar nuestra pantalla cuando alguien nos habla. Cuando le das a tu adolescente tu atención exclusiva durante una conversación, le enseñas la habilidad social de escuchar.

La mayoría de nosotros tenemos que romper el hábito de mirar nuestra pantalla cuando alguien nos habla.

El mismo principio se aplica a otras distracciones, como intentar hacer muchas cosas al mismo tiempo. En efecto, tú puedes oír las palabras de tu adolescente mientras organizas papeles en tu escritorio, lees un libro o desocupas la máquina lavaplatos; pero, al hacerlo, no le enseñas a tu adolescente la habilidad de escuchar a otro con atención. Por supuesto, está bien decir: "Permíteme poner esto en el horno y así podré darte toda mi atención". De ese modo, vives de manera realista tu ocupación del momento en el que tu adolescente empezó a hablar, pero también le comunicas que te interesa lo que quiere decirte. La atención exclusiva también requiere contacto visual. No miras la pared o el piso cuando tu adolescente te habla.

Escucha con todo tu cuerpo. Asentir con la cabeza significa: "Estoy tratando de entenderlo que me dices. Estoy contigo". Escucha con tu espalda. Inclínate hacia delante en lugar de sentarte de forma rígida. Una leve inclinación del cuerpo comunica el mensaje: "Tienes mi atención exclusiva". Escucha con tus pies. Quédate quieto. No salgas de la habitación si tu adolescente dice algo con lo que estás en desacuerdo. Recuerda que el objetivo de escuchar es entender no solamente lo que el otro piensa, sino lo que siente. No interrumpas a tu adolescente cuando estás en desacuerdo con algo que dice. Escucha la totalidad de lo que quiere decirte. Cuando el adolescente para de hablar, no des una respuesta, sino haz preguntas para asegurarte de que entendiste lo que dijo. "Creo que entiendo lo que dices, pero déjame ver si te escuché correctamente. Parece que te sientes decepcionado porque no asistí a tu partido. ¿Estoy en lo correcto?".

Cuando el adolescente se sienta comprendido, afirma sus pensamientos y sentimientos. "Puedo ver por qué te sientes decepcionado. Si yo estuviera en tu lugar, tal vez me sentiría igual. ¿Me permites contarte por qué tuve que faltar al partido?". Al afirmar su perspectiva estará más dispuesto a escuchar la tuya. Cada vez que escuchas con atención a tu adolescente le enseñas la habilidad social de escuchar.

El tipo de escucha al que me refiero es lo que los consejeros denominan "escucha empática". Se trata de escuchar con miras a entender los pensamientos y los sentimientos de la otra persona, no con el propósito de responder. Es ponerte en el lugar de la persona que habla y tratar de ver el mundo desde su perspectiva. Sí, al final darás alguna respuesta, pero a menos que hayas escuchado con sinceridad y afirmado a la otra persona, tu respuesta quedará fuera de lugar. Las investigaciones indican que la persona promedio solo escucha diecisiete segundos antes de interrumpir y dar una respuesta. Tu adolescente no se sentirá "escuchado" si respondes con demasiada rapidez. Tampoco aprenderá a escuchar con empatía.

¿Por qué los adultos casados acuden a un consejero? Muchas veces es porque no sienten que su cónyuge los escucha y los comprende. No somos buenos por naturaleza para escuchar. En nuestra mente es nuestra propia percepción la que nos parece correcta. Por ende, intentamos que nuestro cónyuge se conforme a ella. Cuando ambos hacemos lo mismo terminamos en una discusión, a menudo con palabras ásperas y gritos. Esa clase de peleas nunca llevan al entendimiento mutuo.

LA HABILIDAD DE ACTUAR CON AMABILIDAD

Yo defino la amabilidad como palabras o hechos que buscan ayudar a otros. ¿Qué adulto no admira a un adolescente que se toma la molestia de ayudar a otra persona? Para el adolescente, la amabilidad es algo que se percibe, no que se enseña. Ellos observan tu amabilidad en tu trato con otros y posiblemente van a imitarte. Desde niños puedes enseñarles a expresar amabilidad. "Dile a tu hermana lo hermosa que está". "Ayuda a tu mamá a recoger los frijoles que derramé". "Ayudemos a papá en el jardín". "Vamos a ayudar a la abuela llevándola a la tienda de comestibles". A los niños pequeños les encanta ayudar. Preguntan con frecuencia: "Mami, ¿te puedo ayudar?". Si ellos aprenden la satisfacción de ayudar a otros cuando son niños, muy posiblemente utilizarán también esta habilidad social en la adolescencia.

Sin embargo, cuando son adolescentes tienden a ensimismarse y puede que necesiten tu ejemplo para recordarles que ayudar a otros es el estilo de vida de quienes aman a los demás. Mientras caminaba por el campus de la Universidad de Virginia, me fijé en unas palabras grabadas en piedra por encima de una de las puertas que llevaba al auditorio Cabell: "Estás aquí para enriquecer al mundo y te empobrecerás si olvidas el deber". Tu adolescente necesita grabar esas palabras en su mente. Tal vez sea útil que las grabes en un trozo de madera o que las escribas en un papel para exhibirlas en tu casa.

Las palabras amables pueden animar a quienes las reciben y a quienes las pronuncian les infunden un sentimiento de valía y satisfacción. Tal vez podrías proponerle a tu adolescente que a lo largo del día preste atención y anote las palabras amables que otros dicen. Podrías convertir esta actividad en un juego familiar pidiéndole a cada miembro de la familia que haga lo mismo y presente sus resultados a la hora de la cena. El que tenga más ganará un premio. Al ejercitarse en escuchar palabras amables, el adolescente se vuelve más considerado para hablar palabras amables.

Hace poco hablé en mi iglesia acerca del tema de la "amabilidad". Al final, se me acercó una adolescente y me dijo: "Señor Chapman, ese fue un mensaje muy útil. Me recordó lo amables que son mis padres. También me recordó que necesito enfocarme más en ser amable con otros. En especial, me gustó la idea de escuchar las palabras amables que otros dicen cada día. Voy a intentar hacerlo esta semana. Las escribiré y se las mostraré la próxima semana". Yo le agradecí y le dije que esperaba ver su lista. El domingo siguiente ella me mostró su lista. Algunos comentarios eran de compañeros en la escuela, otros de sus padres y hermanos y uno de su abuela. Ella dijo: "Esta semana voy a intentar decir a otros esas palabras". Yo la felicité y me dije: "¿Qué sucedería si todo el que ha escuchado el sermón lo pusiera en práctica como ella?". Los adolescentes y los adultos necesitan recordar a menudo el poder que tienen las palabras amables.

Sin embargo, la amabilidad se expresa también con acciones. La gente habla de "actos aleatorios de amabilidad" como pagar la comida de alguien que conduce el auto de atrás en el servicio "por ventanilla". Esa clase de actos dejan una impresión duradera en la persona que se beneficia de esa amabilidad. Hace poco, mi esposa y yo salíamos de un restaurante. Cuando me detuve a pagar, la señora dijo: "Alguien ya pagó su factura". Asombrado, dije: "¿De veras? Vaya, qué amable. En ese caso, necesito regresar a mi mesa y doblar mi propina para sentir también la satisfacción de actuar con amabilidad".

Los actos de amabilidad no siempre implican dinero. Los adolescentes que abren la puerta para que los adultos pasen cuando entran en un edificio expresan también amabilidad. ¿Le has enseñado a tu adolescente esta simple habilidad social? A medida que desarrolla este acto de amabilidad, tu adolescente posiblemente oirá respuestas positivas de los adultos, lo cual a su vez incrementará su autoestima.

Una manera de ayudar a los adolescentes a incorporar actos de amabilidad en su estilo de vida es practicar el mismo juego de la observación de las "palabras amables" que mencioné más arriba. Es decir, invita a cada miembro de la familia a que observe y anote actos de amabilidad a lo largo del día. El que anote más gana un premio. Cuanto más observamos actos de amabilidad en otros, más podemos desarrollar esta habilidad social.

Como es cierto acerca del desarrollo de la mayoría de las habilidades sociales, los actos de amabilidad empiezan en casa. Mira si has preguntado últimamente a tu cónyuge o adolescente: "¿En qué puedo ayudarte hoy o esta semana?". Cuando haces esa pregunta y ellos ven que está acompañada de actos de amabilidad, muy probablemente empezarán a hacerte la misma pregunta. Si no, puede que quieras convocar una reunión familiar y comentar el valor de practicar actos de amabilidad los unos por los otros tanto dentro como fuera del núcleo familiar. Estoy convencido de que el adolescente más feliz es aquel para quien la amabilidad, en palabras y en actos, se convierte en un estilo de vida.

SUGERENCIAS Y RECURSOS ADICIONALES

El siguiente recurso te ayudará a animar a tu adolescente a manifestar amabilidad:

Los 7 hábitos de los adolescentes altamente efectivos, por Sean Covey

Este libro, continuación del clásico *Los 7 hábitos de la gente altamente efectiva*, enseña a los adolescentes habilidades sociales necesarias, como el trabajo en equipo, el saber escuchar, cómo resistirse a la presión de los compañeros, cómo construir amistades y cómo lidiar con el acoso. Se ha actualizado recientemente para abordar algunos de los problemas más recientes de la era digital.

PREGUNTAS DE REFLEXIÓN Y APLICACIÓN

1. En una escala de 0 a 10, ¿cómo te calificarías en estas habilidades sociales?
   - Expresar gratitud ___
   - Hacer preguntas ___
   - Escuchar ___
   - Actuar con amabilidad ___

2. Dando por hecho que "siempre se puede mejorar", ¿en cuál de estas habilidades quisieras enfocarte esta semana? ¿Qué pasos vas a dar en esa dirección?

   _____

   _____

   _____

   _____

3. ¿Cuáles de estas habilidades ves más desarrolladas en tu adolescente?

   _____

   _____

   _____

   Encuentra esta semana una oportunidad para felicitarlo verbalmente por lo que observas.

4. ¿Cuáles de estas habilidades ves más ausentes en tu adolescente? ¿Qué pasos vas a tomar para ayudarle a desarrollar esas habilidades?

   _____

   _____

   _____

   _____

5. Desarrollar habilidades sociales no es algo que suceda en una semana, ni siquiera en un mes. Sin embargo, podemos avanzar en la dirección correcta una semana a la vez. Recuerda que actuar con amabilidad para con otros aumenta nuestro sentido de valía, de optimismo y satisfacción general en la vida.

Lo que me hubiera gustado saber...

Sobre la necesidad de los adolescentes de aprender a procesar el enojo

Para ser completamente sincero, me hubiera gustado saber cómo manejar mi propio enojo antes de tener adolescentes. No recuerdo haber tenido un problema con el enojo hasta que me casé y no recuerdo haber tenido un megaproblema con el enojo hasta que tuve un hijo adolescente. ¿Te ha sucedido algo parecido? Te contaré mi experiencia más adelante, pero primero tratemos de entender la fuente del enojo. ¿Por qué todos los seres humanos se enojan? Creo que la razón es que somos criaturas morales. Tenemos un sentido incorporado del bien y del mal. Cuando encontramos algo que nos parece que está "mal", algo en nuestro interior enciende la alerta que dice: "¡Eso no está bien!". Ese pensamiento viene acompañado de la fuerte emoción del enojo.

Piensa en la última vez que sentiste enojo. Es muy posible que hayas descubierto que, a tu modo de ver, alguien te trató injustamente o algo no funcionó de la manera correcta. Por eso los hombres se enojan con las cortadoras de césped: "¡Esta máquina no funciona bien!". Por eso, todo el mundo se enoja con las computadoras y las impresoras. Por eso, los cónyuges se enojan a veces con el otro. Por eso, los padres se enojan con su adolescente y muchas veces los adolescentes se enojan con sus padres. Creo que el propósito del enojo es motivarnos a buscar rectificar algo que está mal. Todas las grandes reformas sociales han surgido del enojo. Las personas emprenden acciones correctivas para los males de la sociedad.

El propósito del enojo es motivarnos a buscar rectificar algo que está mal.

Sin embargo, a veces nuestros esfuerzos empeoran la situación en lugar de resolverla. Hay quienes incendian edificios, cometen homicidio y llevan a cabo toda clase de atrocidades por causa del enojo. Hay cónyuges que han destruido su matrimonio a causa del enojo descontrolado. Muchos adultos solteros han fracturado relaciones con sus padres porque alguien dijo o hizo algo con enojo. El problema no es el enojo. El problema es el enojo mal expresado o fuera de control.

Lo que complica el problema es que hay dos tipos de enojo. Existe lo que yo llamo *el enojo definitivo* que está motivado por alguna ofensa cometida. El otro es *el enojo distorsionado* que no fue motivado por una falta, sino por el simple hecho de que no se hacen las cosas a nuestra manera. Gran parte de nuestro enojo en el contexto de las relaciones familiares cae en la segunda categoría. Una esposa se enoja con su esposo porque, de regreso a casa del trabajo, él olvidó comprar la leche. Olvidar algo no es una falta moral. Simplemente es humano. Un esposo se enoja con su esposa porque ella no organiza "correctamente" los platos en la máquina lavaplatos. Los padres se enojan con el adolescente porque se tiñe el cabello de color naranja. Los adolescentes pueden enojarse con los padres que se niegan a permitirles ir a la playa con sus amigos.

El enojo distorsionado es tan real como el enojo definitivo, pero es preciso que distingamos entre los dos. El enojo definitivo debería llevarnos siempre a buscar rectificar la ofensa que hemos experimentado confrontando en amor a la persona que la causó. Por otro lado, el enojo distorsionado debería llevarnos a hacernos preguntas y a escuchar con empatía para intentar comprender por qué la persona hizo lo que hizo. Puede que aún así no nos guste lo que hizo, pero entendemos que es un asunto de preferencia, no de falla moral. Debemos aprender a aceptar la humanidad del otro. Las personas son diferentes. No siempre van a hacer lo que queremos que hagan o de la manera en que quisiéramos que lo hicieran. Como he señalado anteriormente, la escucha empática nos lleva al entendimiento y la aceptación aun cuando no estemos de acuerdo.

Si un adolescente infringe las normas establecidas por los padres, ellos deben hacer que enfrente las consecuencias de su decisión. Sin embargo, esto debe hacerse de una manera amorosa, amable y firme, no con palabras ásperas lanzadas con furia. Debemos controlar nuestro enojo y no permitir que dicte nuestro comportamiento. El propósito es ayudar al adolescente a aprender de sus errores, no condenarlo ni crear sentimientos de rechazo.

APRENDER A LAS MALAS

Entonces, ¿cómo ayudamos a nuestros adolescentes a aprender a procesar el enojo de manera saludable? Lamentablemente, yo aprendí a las malas. Mi hijo tenía catorce años cuando él y yo tuvimos una discusión acalorada. No recuerdo cuál fue el asunto en cuestión, pero en enojo ambos estallamos en gritos y palabras críticas y ásperas. En medio de nuestra contienda de gritos, él se fue de la habitación y dio un portazo al salir de la casa. Cuando la puerta se cerró de golpe, se me abrieron los ojos. "¿Qué he hecho?", fue la pregunta que surgió en mi mente. "¿Cómo pude decir semejantes cosas al hijo que amo?". Me senté en el sofá y empecé a llorar. Mi esposa trató de consolarme. Ella dijo: "No sé qué vamos a hacer con él. Va a tener que aprender a respetarte". Pero yo sabía en mi corazón que yo era tan culpable como él. Cuando mi esposa salió de la habitación, derramé mi corazón delante de Dios y confesé mi falta. Me alegra mucho que Dios no exige de sus hijos perfección y nos perdona cuando confesamos.

No sé cuánto tiempo estuve sentado en el sofá reflexionando en lo que había sucedido, pero al final mi hijo regresó a casa y yo le pedí que habláramos. Él se sentó en la silla dorada y yo dije: "Quiero pedirte perdón por la manera en que te traté. Ningún padre debería hablarle a un hijo como yo te hablé. En mi enojo dije cosas muy duras y eso no es lo que siento por ti. Te amo mucho y quiero pedirte que me perdones". Él respondió: "Papá, no fue tu culpa. Yo empecé todo. No debería hablarte como te hablé. Cuando iba caminando por la calle le pedí a Dios que me perdonara y quería pedirte perdón a ti". Ambos nos quedamos ahí de pie, llorando y abrazándonos.

Cuando nos sentamos, yo dije: "¿Por qué no intentamos los dos aprender a controlar nuestro enojo y no permitir que nos controle? ¿Qué te parece si la próxima vez que te enojes conmigo dices: 'Papá, estoy enojado y necesito que hablemos'? Entonces, yo me sentaré y te escucharé y trataré de entender por qué estás enojado. Y cuando yo esté enojado, te lo diré y podemos sentarnos y yo trataré de explicarte por qué estoy enojado. Veamos si podemos aprender a expresar aquello que nos enoja en lugar de gritarnos". Él estuvo de acuerdo, y ese fue el punto decisivo para los dos. Nuestro plan funcionó. O tal vez debería decir que hicimos funcionar nuestro plan. Aprendimos a reconocer nuestro enojo y a escuchar al otro. Me hubiera gustado aprender a procesar el enojo cuando fui adolescente, pero es evidente que no fue así. La buena noticia es que nunca es demasiado tarde para aprender. Me alegra haber aprendido esto cuando mi hijo todavía era un adolescente.

Estas son algunas ideas prácticas acerca de cómo procesar el enojo de manera positiva. Primero, *no intentes negar el sentimiento de enojo*. Es una emoción humana saludable. Es como una luz en el tablero del auto que nos indica que algo necesita atención. Segundo, haz una pausa para *pensar antes de hablar*. Cuando yo era pequeño, mi madre a menudo decía: "Cuando estés enojado cuenta hasta diez antes de hablar". Creo que mamá tenía la idea correcta, solo que yo añadiría que quizás deberíamos contar al menos hasta cien antes de decir cualquier cosa. Date tiempo para calmarte. Además, puedes caminar mientras cuentas. Después de terminar de contar, pregúntate: "¿Lo que siento es enojo definitivo o enojo distorsionado? ¿Hicieron algo equivocado o simplemente no hicieron lo que yo pensaba que debían hacer?". En cualquier caso, necesitamos procesar el enojo de una manera positiva.

El enojo que no se maneja adecuadamente siempre empeora una situación. Si es enojo distorsionado, el primer paso es reconocer que eres egocéntrico, igual que los demás seres humanos. Admite que quieres que otros hagan lo que a ti te parece que deberían hacer. El adolescente que se enoja con sus padres porque no le dan permiso de ir a la playa con sus amigos el fin de semana piensa que sus padres son injustos. Entonces, ¿cómo respondería un adolescente que ha aprendido a procesar el enojo distorsionado de una manera positiva? Después de caminar un rato, les diría a sus padres: "Siento haberme enojado. Es solo que realmente quería ir a la playa y me pareció que era injusto que no me dejaran ir. Sé que son mis padres y necesito respetar sus decisiones. ¿Pueden ayudarme a entender por qué tomaron esa decisión?". La mayoría de los padres que leen esto muy probablemente dirían: "No puedo imaginar a mi adolescente respondiendo de ese modo. No parece realista". Debo confesar que esta no es la manera en que responderían al enojo la mayoría de los adolescentes. ¿Por qué? Porque no han aprendido aún a manejar el enojo de manera constructiva.

> **El enojo que no se maneja adecuadamente siempre empeora una situación.**

EL ENOJO QUE APRENDEMOS

¿De quiénes han de aprender los adolescentes sino de sus padres? El hecho es que miles de adolescentes nunca aprenden a manejar el enojo de manera positiva y llevan esa deficiencia hasta la vida adulta. Esto causará conflictos en su matrimonio y lo más probable es que sus hijos sigan su ejemplo. De generación en generación el enojo descontrolado causa serios problemas en las relaciones. Como padres tenemos la oportunidad de enseñar a nuestros adolescentes a procesar el enojo de manera positiva. Si aún no has aprendido a procesar tu propio enojo, tal vez puedas hacer como yo y disculparte con tu adolescente. Este es a menudo el primer paso para derribar el muro de hostilidad que se levanta entre los padres y sus hijos.

¿Cuál es el paso siguiente para los padres? Si es enojo distorsionado puedes decirle a tu adolescente: "Me siento enojado y sé que lo que hiciste no está mal, pero quiero que sepas cómo me siento. Cuando dijiste o hiciste _____, yo me sentí herido y enojado. ¿Me permites explicar por qué?". Luego pregunta: "¿Entiendes lo que quiero decirte?". Deja que el adolescente responda y luego dile: "Sé que tienes tu propio punto de vista de lo sucedido y me gustaría escucharlo. Creo que me ayudaría entender lo que piensas y lo que sientes".

Escucha su respuesta y afirma sus pensamientos y sentimientos. Una afirmación que siempre es verdadera sería: "Si yo estuviera en tu lugar tal vez pensaría y me sentiría igual". Si tú estuvieras en esa etapa de la vida y tuvieras su personalidad, sin duda te sentirías como tu hijo se siente. Luego puedes preguntar: "¿Cómo crees que podemos solucionar esto?". Es muy probable que te des cuenta de que tu adolescente está dispuesto a hacer cambios, o puede ser que cambies de opinión. En cualquier caso, la idea es buscar una solución, no armar un conflicto.

Si crees que tu cónyuge, tu adolescente o cualquier otra persona ha cometido una falta moral contra ti o contra alguien más, puedes seguir el mismo procedimiento. En ese caso, comunicas la razón por la cual crees que estuvo mal y preguntas si tal vez malentendiste lo que la persona dijo o hizo. Una falta moral requiere una disculpa y pedir perdón, un tema que trataremos más a fondo en el capítulo 7. Sin una disculpa y sin perdón la ofensa se erige como una barrera emocional entre los dos. Si hay una disculpa sincera y perdón genuino, la barrera se derriba y la relación puede avanzar. Todos necesitamos disculparnos de vez en cuando porque nadie es perfecto.

Todos necesitamos disculparnos de vez en cuando porque nadie es perfecto.

El adolescente que aprende a procesar el enojo de manera saludable tendrá con seguridad buenas relaciones en su vida adulta. Por otro lado, el enojo descontrolado ha llevado a muchos adultos jóvenes a perder empleos, a destruir matrimonios y a herir a los hijos. Vale la pena invertir tiempo y esfuerzo en enseñar a tu adolescente a manejar su enojo de manera positiva.

SUGERENCIAS Y RECURSOS ADICIONALES

El enojo es un verdadero problema para muchos adolescentes. Con frecuencia puede parecer un monstruo que duerme y que de repente se apodera de su mente y de su cuerpo. Para ayudarles a controlar la violencia interna es crucial tratarla de forma integral desde una perspectiva mental, física y espiritual. Cuando entienden mejor las implicaciones psicológicas, fisiológicas y espirituales de su enojo, los adolescentes están mejor equipados para manejar las oleadas de emociones cuando vienen. Los siguientes recursos tratan el tema del enojo desde esos diferentes ángulos:

Sufrimiento: Dentro del mundo de los adolescentes de hoy, por Chap Clark

La ira es una "emoción secundaria". Tendemos a recurrir a la ira para protegernos de otros sentimientos vulnerables, como el "dolor". En este estudio clínico de principios de la década de 2000, el Dr. Chap Clark presenta pruebas significativas de por qué los adolescentes se han sentido tan heridos y abandonados por los adultos. Si quieres entender por qué tus hijos se sienten como lo hacen, deja que los jóvenes que fueron entrevistados para este libro hablen en su nombre.

Un saco de boxeo

Aunque exista controversia en torno a la utilidad de un saco de boxeo para el manejo del enojo en los adolescentes, es una recomendación frecuente para adolescentes en terapia. Los adolescentes experimentan muchas emociones intensas al tiempo que cuentan con pocas válvulas de escape o desahogo. El ejercicio físico como levantar pesas, correr, boxear e incluso gritar en una almohada son maneras mucho más acertadas que algunos comportamientos que se observan a nuestro alrededor. Aunque no son la manera en que desearíamos que ellos resolvieran sus problemas a largo plazo, si la situación es apremiante y necesitas un sistema de transición para el manejo de las emociones, un saco de boxeo es una opción mucho más económica que reemplazar los revestimientos de las paredes de la casa.

PREGUNTAS DE REFLEXIÓN Y APLICACIÓN

1. Cuando eras adolescente, ¿intentaron tus padres enseñarte cómo manejar el enojo? Si fue así, ¿qué tan exitoso fue el proceso? Para ser más exactos, ¿cómo manejaron *ellos* el enojo?

   _____

   _____

   _____

   _____

2. ¿Qué tan acertado es tu manejo del enojo con las personas que te rodean?

   _____

   _____

   _____

   _____

3. ¿Cuándo fue la última vez que observaste que tu adolescente perdía el control sobre su enojo? ¿Cuál fue tu respuesta? ¿Te satisface tu respuesta?

   _____

   _____

   _____

   _____

4. ¿Estarías dispuesto a invitar a tu adolescente a que te dijera cuándo se siente enojado? _____. Comunícale que eres consciente de que todos nos enojamos y que tú quieres que él sepa que estás dispuesto a escuchar sus inquietudes.

5. ¿Cuál es el siguiente paso que crees que necesitas dar para ayudar a tu adolescente a aprender a procesar el enojo de manera saludable?

_____

_____

_____

_____

Capítulo 7

Lo que me hubiera gustado saber...

Sobre la necesidad de los adolescentes de aprender a disculparse y perdonar

Los adolescentes nunca serán perfectos y tampoco sus padres. No tenemos que ser perfectos para tener buenas relaciones. ¿No les parece que esta es una buena noticia? Aun así, tenemos que afrontar nuestras faltas de manera constructiva. Esto incluye pedir disculpas y practicar el perdón. El adulto que no pide disculpas dejará a su paso una trayectoria de relaciones rotas. Así que es de suma importancia asegurarnos de que nuestro adolescente sepa cómo disculparse cuando ofende a alguien y cómo perdonar cuando otros lo ofenden a él.

El adulto que no pide disculpas dejará a su paso una trayectoria de relaciones rotas.

La mayoría de los padres empiezan este proceso cuando sus hijos son pequeños. El pequeño Henry derriba la torre de cubos de madera que su hermana ha construido en su habitación. Su madre le dice: "Henry, eso estuvo mal. Ve y dile a tu hermana que lo sientes y pídele que te perdone". En el mejor de los casos, el pequeño Henry dirá: "Lo siento. ¿Me perdonas?". Aun si no es sincero, empieza a entender que cuando se trata mal a alguien es necesario disculparse. En este caso, la mamá también puede pedir a la hermana de Henry que lo perdone. Eso no va a gustarle, pero al final quizá diga: "Te perdono". Estos son los pasos básicos para enseñar a los hijos a disculparse y perdonar.

Sin embargo, hay mucho más que es preciso aprender acerca de disculparse y perdonar. Los años adolescentes son un tiempo para que los padres construyan sobre las bases que se establecieron en la infancia. Hace varios años hice una investigación exhaustiva acerca de cómo las personas se disculpan y escribí un libro, junto con la doctora Jennifer Thomas, titulado *Cuando decir "lo siento" no es suficiente*. A miles de personas les hicimos dos preguntas: "Cuando te disculpas, ¿qué dices o haces? Y cuando alguien se disculpa contigo, ¿qué quieres que la otra persona diga o haga?". Sus respuestas se ubicaban en cinco categorías que denominamos "los 5 lenguajes de la disculpa". Descubrimos que las personas tienen ideas muy diferentes de lo que es una disculpa sincera. Cuando alguien se disculpa con nosotros, juzgamos su sinceridad según nuestra propia idea de lo que es una disculpa sincera. Por eso, algunas disculpas nos parecen más bien flojas y nos resulta difícil perdonar.

Cuando alguien se disculpa con nosotros, juzgamos su sinceridad según nuestra propia idea de lo que es una disculpa sincera.

Entender los cinco lenguajes de la disculpa servirá de herramienta a los padres para que enseñen a su adolescente cómo disculparse de manera eficaz. He aquí un resumen de los cinco lenguajes de la disculpa.

1. **Expresar arrepentimiento**: esto se hace a menudo con las palabras "lo siento". Sin embargo, no debemos conformarnos con decir esto y nada más. Tenemos que decir por qué lo sentimos. "Siento haber perdido los estribos y haberte gritado". "Siento haberme burlado de tu vestido nuevo". Si solo dices "lo siento", la persona ofendida puede pensar: "Sí, ¡cómo no!". Lo que quieren saber es: "¿Realmente lamentas lo que hiciste? ¿Entiendes cuán profundamente me agraviaste? ¿Te duele lo que hiciste?". Cuando expresas la ofensa específica es más probable que la otra persona crea que eres sincero.

> **Uno de los errores que cometemos con frecuencia es añadir la palabra "pero" a nuestra disculpa.**

Uno de los errores que cometemos con frecuencia es añadir la palabra "pero" a nuestra disculpa. "Siento haber perdido los estribos, pero si tú no hubieras… yo no habría…". En ese caso ya no te estás disculpando. Lo que estás haciendo es culpar a la otra persona por tu mal comportamiento. ¿Cómo rompes este hábito de añadir el "pero"? La próxima vez que te encuentres diciendo: "Siento haber perdido los estribos y haberte gritado, pero…", detente y di: "Perdóname. Olvida el 'pero'. Siento haber perdido los estribos y haberte gritado". Después de la tercera vez que te retractes del "pero" habrás roto ese hábito.

Asimismo, evita la costumbre de decir: "Siento si lo que dije te ofendió". Eso no es una disculpa. Estás culpando a la otra persona por haberse ofendido. Mi coautora empezó a registrar las disculpas públicas que hacían los líderes civiles en la televisión o en los periódicos. Esta fue una de las frases más comunes que ella observó. Al parecer, los padres de estos líderes nunca les enseñaron a expresar verdadero arrepentimiento.

2. **Aceptar la responsabilidad**: "Estuvo mal lo que hice. No debí haber hecho eso". Por naturaleza, los adolescentes no aceptan

la responsabilidad por su comportamiento si piensan que este desagradó a sus padres. Como dijo un adolescente: "Yo no compré los cigarrillos. Carlos los compró y nada más me pidió que los probara. Eso es lo único que hice, una sola inhalación". En realidad, él tiene el paquete completo en el bolsillo de su abrigo. Aunque para algunos adolescentes es difícil reconocer que estuvo mal lo que hicieron por temor a las consecuencias, hacerlo debe ser parte de una disculpa sincera. Por cierto, ese debería ser el primer paso para enseñar a los niños pequeños a disculparse. Recuerdo cuando mi hijo tenía seis o siete años. Estábamos juntos en la cocina y él sin querer hizo caer un vaso de la mesa. Al golpear el piso, el vaso se rompió. Yo lo miré y él dijo: "¡Se cayó solo!". Yo dije: "Veamos cómo podemos decirlo de otra manera: 'Sin querer hice caer el vaso de la mesa'". Él no hizo nada que mereciera castigo. Yo simplemente traté de ayudarle a aceptar la responsabilidad por sus acciones.

A algunos adultos les cuesta mucho decir: "Me equivoqué. No debí haber hecho eso". En muchos casos, estos adultos fueron niños o adolescentes que fueron maltratados verbalmente por sus padres. Hay frases como "nunca haces nada bien" que todavía resuenan en sus oídos. En sus años de crecimiento y en algún lugar de su psique se dijeron a sí mismos: "Cuando sea adulto, nunca voy a volver a equivocarme". Les cuesta trabajo reconocer que han hecho algo mal, porque hacerlo sería reconocer: "Mis padres tenían razón, yo nunca hago nada bien". Los padres deben ayudar a los adolescentes a entender que reconocer una falta es una señal de fortaleza, no de debilidad. Aceptar la responsabilidad por nuestro mal comportamiento es un componente importante de una disculpa sincera.

3. **Restituir**: "¿Cómo puedo restaurar el daño que te causé? ¿Cómo puedo compensarte por esto? Sé que te he lastimado y me siento mal por ello". Esta disculpa es lo que muchas personas necesitan. Para ellas no basta con decir: "Lo siento y estaba equivocado". Por lo general, tienen una idea clara de lo que tú deberías hacer al respecto. Como padre o madre, ¿alguna

vez has ofrecido restituir a alguien por haberlo tratado mal? ¿Alguna vez le has dicho a tu cónyuge: "Amor, sé que me equivoqué. Me siento mal por ello. ¿Cómo puedo restaurar el daño que te causé?"? Para algunas personas, si el ofensor no ofrece "restaurar el daño" no se ha disculpado verdaderamente. Los adolescentes necesitan aprender este lenguaje de la disculpa. Supongamos que tú y tu adolescente van a almorzar por ventanilla a un restaurante de comida rápida. Él come su almuerzo mientras tú conduces. Cuando termina, arroja la basura por la ventana del auto. ¿Qué harías? Algunos padres gritarían con enojo: "No hagas eso. Ya sabes que está mal". Si ahí termina todo, es posible que el adolescente diga: "Lo siento". O puede que simplemente se encoja de hombros sin hacer comentarios. En cambio, si el padre o madre dice con calma: "Tú sabes que eso es contra la ley, ¿cierto? De hecho, hay una multa de cien dólares si te descubren arrojando basura. Así que vamos a casa, tomaremos una bolsa de basura y voy a traerte aquí de vuelta para que recojas lo que botaste. Cuando cometemos una falta tenemos que rectificarla".

4. **Arrepentirse de veras expresando un deseo de cambiar:** "No me agrada lo que hice. No quiero volver a hacerlo. ¿Puedes ayudarme a tomar medidas para que eso no se repita?". Un adolescente dice a su padre: "Sí, saqué diez dólares de tu cartera. Sé que estuvo mal. No voy a inventar excusas. De hecho, lo hice antes sin que te dieras cuenta y desde entonces me he sentido mal. No quiero volver a hacerlo nunca más. ¿Me ayudas?". Un padre amoroso tendrá alguna sugerencia para darle. Tal vez diga: "La próxima vez, ¿qué tal si me preguntas si hay algún trabajo que puedas hacer por mí para ganarte diez dólares? Por lo general, tendré algo en mente. O también puedo darte el dinero si me parece que vas a usarlo sabiamente". También podría añadir: "Te perdono porque sé que eres sincero, pero para hacerte sentir mejor, ¿amontonarás las hojas del patio para compensarme por los diez dólares?". Con esta última afirmación, el padre enseña el concepto de restituir,

después de delinear un plan para que sea menos probable que su hijo repita la ofensa.

5. **Pedir perdón:** "¿Me perdonas? Te amo y lamento haberte herido. Espero que me perdones". Esto abre la puerta para que la persona agraviada te perdone. No podemos obligar a alguien a perdonarnos, pero sí podemos pedir perdón. Tal vez algunos pregunten: "¿Por qué tengo que pedir perdón? ¿Acaso no sabe que cuando me disculpo quiero que me perdone?". Tal vez sí, pero para algunas personas parte de una disculpa sincera es pedir perdón. Cuando le pides a alguien que te perdone reconoces que con tu ofensa has interpuesto una barrera entre tú y la otra persona, la cual no va a derribarse a menos que pidas perdón.

El adolescente que aprende a hablar todos los cinco lenguajes de la disculpa probablemente gozará de excelentes relaciones con los demás a lo largo de su crecimiento. Cuando habla los cinco lenguajes de la disculpa comunicará con eficacia su sinceridad. Entonces, ¿cómo enseñan los padres al adolescente a disculparse? Hablando los cinco lenguajes de la disculpa con el cónyuge, con los hijos y con otras personas a quienes ofendan. La mayoría de nosotros no aprendimos a hablar estos lenguajes de la disculpa cuando fuimos adolescentes. Tal vez nuestros padres nos enseñaron uno o dos y son los que hablamos con naturalidad cuando necesitamos disculparnos. La buena noticia es que puedes aprender a hablar estos lenguajes en la vida adulta. Sí, parecerá extraño al principio, pero se hará más fácil con la práctica.

Después que empiezas a verbalizar cada uno de los lenguajes, tu adolescente se dará cuenta de que empleas frases que no oía antes. Entonces puedes tener una conversación familiar acerca de cómo disculparse de manera eficaz y allí comentar los cinco lenguajes de la disculpa, permitiendo que cada miembro de la familia los diga en voz alta delante de la familia. Esta es una prueba que nos prepara para el momento en el que necesitemos disculparnos. Se convertirá en una especie de juego y con seguridad puede hacerse con un toque de humor, pero el adolescente estará aprendiendo una habilidad esencial para construir relaciones positivas.

En nuestra investigación descubrimos que alrededor del 10 por ciento de la población adulta nunca se disculpa por nada; la mayoría eran hombres. Ellos aprendieron esto de sus padres que decían: "Los hombres de verdad no se disculpan". Eso es falso. Los hombres de verdad *sí* se disculpan. De hecho, si no aprenden a disculparse no tendrán relaciones saludables. No permitas que tu adolescente se convierta en un adulto que tiene esa actitud. Los verdaderos hombres y las verdaderas mujeres reconocen que no son perfectos y están dispuestos a admitirlo.

PERDÓN

La sola disculpa no restaura las relaciones. Debe haber una respuesta a la disculpa. La respuesta que permite que la relación avance es el perdón. El perdón es la decisión de absolver al ofensor, de quitar la barrera que la ofensa creó entre los dos. Cuando hemos sido heridos profundamente puede ser difícil perdonar. Nuestro sentido de justicia nos impulsa a hacer que el otro pague por lo que hizo. Nuestro sentido de compasión nos impulsa a elegir la misericordia por encima de la justicia. En la sociedad, la justicia exige que los criminales sufran las consecuencias de su conducta. Esa es una de las funciones del gobierno civil. Sin embargo, en las relaciones interpersonales es la misericordia lo que permite la reconciliación. Cuando hay una disculpa sincera y un perdón genuino, la relación puede restaurarse. Muchas relaciones familiares se fracturan por la falta de una disculpa o la reticencia a perdonar. El adolescente que aprende a perdonar será libre de resentimiento, enojo acumulado y odio, todo lo cual acarrea consecuencias físicas y emocionales negativas. El perdón favorece la salud física y mental.

El perdón no es un sentimiento. Es una decisión. En nuestro agravio tal vez pensemos que el perdón beneficia al ofensor. Sin embargo, cuando rehusamos perdonar, la relación se estanca. La barrera emocional que fue creada por la ofensa sigue ahí. Quedamos distanciados emocionalmente y esto se manifestará en el comportamiento. Negarse a perdonar nos aleja de la persona en lugar de acercarnos a ella. Cuando no perdonamos a nuestro amigo o a nuestro cónyuge que se ha disculpado, tomamos una decisión que nos impide avanzar. Sé que puede tomar tiempo procesar el dolor cuando alguien nos maltrata, pero en cierto punto tenemos que tomar la decisión de perdonar y avanzar, o de negarnos a perdonar y conformarnos con una relación fracturada. Hay ciertas cosas que el perdón no hace. Para empezar, no destruye tu memoria. Puede que hayas oído decir: "Si no lo has olvidado, no lo has perdonado". Eso no es verdad. Todo lo que nos ha sucedido en la vida queda almacenado en el cerebro. De vez en cuando pasa de la mente subconsciente a la mente consciente. Recordarás los detalles de lo sucedido. Vendrán a tu mente imágenes claras de lo que te hicieron y las palabras hirientes resonarán en tus oídos. No puedes evitar que esos recuerdos afloren. Sin embargo, no tienes que obsesionarte con ellos. Puedes decirte a ti mismo: "Sí, eso sucedió y estuvo mal, pero yo he elegido perdonar. Ahora quiero enfocarme en restaurar nuestra relación".

Con frecuencia, los recuerdos vienen acompañados de emociones fuertes como angustia, enojo y decepción. El perdón no destruye nuestras emociones. Cuando los recuerdos y las emociones regresan después que el ofensor se ha disculpado y que hemos elegido perdonar, no trates de ignorarlos. Antes bien, preséntalos delante de Dios y dile lo que recuerdas y sientes. Puedes decir: "Señor, tú sabes lo que recuerdo hoy y lo que siento. Pero te doy gracias porque he perdonado. Ahora, ayúdame a no permitir que los recuerdos y las emociones controlen mi comportamiento. Ayúdame a hacer algo bueno hoy". Además, puedes ir y expresar amor a la persona que has perdonado. Tu amor anima también al otro a amar y la relación avanza.

El perdón tampoco restaura la confianza. Descubrí esto en la consejería de parejas cuando uno de los cónyuges había sido infiel sexualmente. La relación ilícita había terminado y el cónyuge se había disculpado con sinceridad. El otro cónyuge había decidido perdonarlo. Sin embargo, el cónyuge ofendido decía: "Lo/la he perdonado, pero, con toda franqueza, no confío en él/ella". El perdón no restaura la confianza. La confianza debe ganarse siendo una persona digna de confianza. Por eso yo digo al cónyuge que se disculpó: "Si quieres ser confiable, deja que tu vida sea un libro abierto. Permite que tu cónyuge tenga acceso ilimitado a tu computadora, a tu portátil y a cada área de tu vida". Tu actitud debería ser: "Mi vida es un libro abierto. Te he herido profundamente. No volveré a engañarte". Si adoptas esta actitud, con el tiempo tu cónyuge volverá a confiar en ti.

> **El perdón no restaura la confianza. La confianza debe ganarse siendo una persona digna de confianza.**

Lo que el perdón sí hace es abrir la puerta a la posibilidad de que la confianza renazca. Si tu adolescente te miente acerca de faltar a la escuela para escaparse al lago con sus amigos, su disculpa no va a restaurar la confianza. La confianza viene con el tiempo a medida que tu adolescente demuestra ser confiable. Esta es una realidad que los adultos y los adolescentes necesitan aprender.

Lo que no hace el perdón

El perdón no elimina todas las consecuencias de una ofensa. Quizás tu adolescente decide conducir bajo los efectos de las drogas o el alcohol y tiene un accidente. Aunque él se disculpe y tú lo perdones, el auto sigue destrozado y quizás haya algunas fracturas o algo peor. Permitir que los adolescentes sufran las consecuencias de su comportamiento es parte de su educación. Muchos padres tratan de ayudar a su adolescente eliminando las consecuencias de sus actos. He visto padres que compran de inmediato un nuevo auto a su adolescente, pagan la multa que recibió por conducir embriagado y eliminan todas las demás consecuencias de la mala conducta. En mi opinión, este es un grave error. Los amamos y perdonamos, pero necesitan experimentar la realidad de su mala conducta. La experiencia es a veces una maestra dura pero eficaz. Un adolescente me dijo: "Después de pasar tres noches en la cárcel recuperé la sobriedad y me di cuenta de mi necedad. Decidí en ese instante que nunca más bebería antes de conducir".

Permitir que los adolescentes sufran las consecuencias de su comportamiento es parte de su educación.

Otra realidad es que cuando hemos ofendido a alguien no podemos obligarlo a que nos perdone. Podemos disculparnos, pero debemos darle la libertad de perdonar o no. Como señalé antes, debemos darle tiempo para que procese sus emociones. Si la persona ha sido lastimada profundamente, puede tomar tiempo para que esté lista para perdonar. Nunca la condenes por no perdonarte de forma inmediata.

A veces, un miembro de la familia o alguien más nos agravia y no se disculpa. ¿Qué debemos hacer en ese caso? Como dije antes, creo que debemos confrontarlos en amor y abrir la puerta para que se disculpen. No podemos forzarlos a disculparse, pero podemos comunicarles que lo que hicieron nos ha lastimado profundamente. Si ellos valoran la relación, es probable que con el tiempo se disculpen. Entonces podemos extender con sinceridad nuestro perdón. La reconciliación solo viene como resultado de una disculpa sincera y de una clara decisión de perdonar.

Cuando enseñas a tu adolescente a disculparse y a perdonar, tu ejemplo es tan importante como tu instrucción. Algunos padres me han dicho: "Si me disculpo con mi adolescente, ¿acaso no perderá su respeto por mí?". La respuesta es "no". Va a tener *más* respeto por ti. Tu adolescente ya sabe que estuvo mal lo que hiciste. Tu disculpa es una demostración vehemente de lo que debe hacer cuando se equivoca. Por otra parte, tu perdón cuando tu adolescente se disculpa contigo le enseña cómo perdonar a otros. Si tu adolescente aprende a disculparse y a perdonar, se arma de una habilidad esencial que lo acompañará hasta la vida adulta y le permitirá disfrutar de buenas relaciones.

SUGERENCIAS Y RECURSOS ADICIONALES

Todos hemos herido a otras personas. Nuestro pecado puede ser una gran fuente de vergüenza que nos lleva a un mayor aislamiento. Para traer sanación y unidad a las relaciones, tenemos que trabajar para disculparnos mejor y perdonar más a otros. Es un trabajo duro, pero bien vale la pena.

Algo que nos motiva mucho en nuestra vida es el poder de las historias. Si queremos avanzar hacia la reconciliación, escuchar las historias de valentía de otros puede ser una gran fuente de esperanza. A continuación, ofrezco una lista de historias y recursos que muestran el poder del perdón.

Los miserables, por Víctor Hugo

Una de las historias de perdón más conocidas de todos los tiempos es también una de las novelas más largas de la historia. Si prefieres no leer las más de 1500 páginas, considera la posibilidad de ver la película de 1998 del mismo nombre, protagonizada por Liam Neeson. Ver y comentar películas significativas con tus hijos adolescentes puede convertirse en una importante fuente de unión en la relación.

Amor redentor, por Francine Rivers

Esta es una de las historias bíblicas menos conocidas, pero tiene un poderoso mensaje sobre el perdón, que cobra vida en la narración dramática de Francine Rivers.

Perdona lo que no puedes olvidar: Descubre cómo seguir adelante, hacer las paces con recuerdos dolorosos y crear una vida nuevamente hermosa, por Lysa TerKeurst

Lysa TerKeurst es una superviviente de una gran traición. Ella cuenta su historia de esperanza y sanación en este libro, así como en su pódcast de Proverbs 31 Ministries (solo disponible en inglés). Puedes encontrar más recursos para el perdón en LysaTerkeurst.com (algunos recursos están disponibles en español).

Cuando decir "lo siento" no es suficiente: Cómo disculparse de manera eficaz, por Gary Chapman y Jennifer Thomas

Si sientes que es demasiado tarde para restaurar tu relación con alguien cercano, esta es una guía paso a paso para restaurar relaciones rotas. Te ayudará a entender mejor cómo dar y recibir el perdón.

PREGUNTAS DE REFLEXIÓN Y APLICACIÓN

1. ¿Qué tanto has aprendido a disculparte? ¿Puedes recordar la última vez que te disculpaste con alguien? ¿Cómo fue la experiencia? ¿Hay alguien con quien necesitas disculparte?

    _____

    _____

    _____

2. ¿Qué te enseñaron tus padres acerca de la disculpa cuando eras adolescente? ¿Qué desearías que hubieran hecho diferente?

    _____

    _____

    _____

3. ¿Qué has enseñado a tu adolescente acerca de la disculpa, ya sea de manera intencional o no? ¿Cuándo fue la última vez que oíste a tu adolescente disculparse contigo o con otra persona?

    _____

    _____

    _____

4. ¿Estarías dispuesto a obsequiar a tu adolescente (o a cada miembro de la familia) un ejemplar de _Cuando decir "lo siento" no es suficiente_ y hablar acerca de la disculpa y el perdón en una reunión familiar?

    _____

    _____

5. ¿Hay alguien que se ha disculpado contigo y a quien has rehusado perdonar? ¿Qué hace falta para que tomes la decisión de perdonar?

_____

_____

_____

6. ¿Hay alguien que te ha agraviado y que no se ha disculpado aún? ¿Lo has confrontado amorosamente por el agravio y has abierto así la puerta para que se disculpe?

_____

_____

_____

Capítulo 8

Lo que me hubiera gustado saber...

Sobre la necesidad de los adolescentes de ser guiados

Yo sabía que los niños no podían sobrevivir sin una guía. También sabía que los padres eran los guías principales de sus hijos. Una de las realidades más tristes que he encontrado en mi consejería ha sido la de los padres que renuncian a su papel parental, ya sea por ausencia o por abuso. Por mi parte, decidí comprometerme con guiar de manera activa a mis hijos. Lo que no esperaba era que en los años adolescentes esa necesidad de guía aumentara. Antes de los trece años, las opciones para tomar malas decisiones son de alguna manera limitadas. El hijo vive dentro de ciertos parámetros que sus padres determinan. Sin embargo, en los años adolescentes, el mundo de oportunidades se amplía de forma exponencial. Aumentan las posibilidades de tomar decisiones que alteran el curso de la vida.

Algunas de estas decisiones son positivas. Nuestra hija decidió desde muy joven que iba a ser médico. Por ese motivo, en la secundaria cursó cuatro años de latín y varias clases de ciencias. Esto la preparó bien para sus estudios de medicina. Sin embargo, algunas decisiones que toman los adolescentes no son tan positivas. Sí, los adolescentes necesitan aún más guía parental que cuando eran niños. Lo que queremos como padres es que nuestros adolescentes logren aprovechar toda su potencialidad para el bien del mundo, tanto en los años de adolescencia como en el futuro adulto. La guía parental juega un papel decisivo en el logro de este sueño.

El objetivo no es controlar las decisiones de nuestro adolescente ni tomar las decisiones por él. Nuestra meta es *ayudarle* a tomar decisiones sabias. Aunque se oye mucho acerca de la presión de grupo, las investigaciones indican claramente que la influencia parental es la más importante en las decisiones del adolescente. Que su influencia sea positiva o negativa depende de dos factores: la relación entre los padres y el adolescente, y el carácter moral de los padres. Si los padres no han vivido a la altura de sus propias convicciones morales, es menos probable que el adolescente atienda su consejo. Cuanto mayor sea la brecha entre lo que los padres dicen que creen y la manera en que viven en realidad, más difícil será para el adolescente respetar a los padres. Para estos padres, el punto de partida es una sincera disculpa y un cambio en sus patrones de comportamiento pasados. Ese tema se trató en el capítulo 7.

AMAR, DAR EJEMPLO, ENSEÑAR

Dando por hecho que los padres son personas emocional, mental y espiritualmente sanas, el enfoque debe ser construir una relación con el adolescente basada en el amor. Si el adolescente se siente profundamente amado por los padres, será influenciado fuertemente por el ejemplo y el consejo de sus padres. Cuando el adolescente cree que los padres quieren lo mejor para él y que no intentan simplemente imponerle sus propias preferencias, es más fácil acatar las sugerencias y demandas de los padres. Aprender y hablar constantemente el principal lenguaje del amor del adolescente, como se planteó en el capítulo 3, preparará el camino para crear un vínculo emocional entre los padres y el adolescente. Las habilidades sociales de hacer preguntas y de escuchar con empatía, las cuales expuse en el capítulo 5, ayudarán a que el adolescente se sienta valorado, comprendido y respetado.

> Si el adolescente se siente profundamente amado por los padres, será influenciado fuertemente por el ejemplo y el consejo de sus padres.

La guía parental incluye ser ejemplo y enseñar al adolescente a tomar decisiones sabias. La realidad subyacente es que cada decisión trae consecuencias. Todos tenemos que vivir con los resultados de nuestras propias decisiones. La mente de la mayoría de los adolescentes no capta aún el alcance de esta realidad. Los adolescentes tienden a vivir el momento presente. Si parece divertido, si sus amigos lo hacen, entonces la actitud de muchos es: "¿Por qué no probarlo?".

Los padres pueden echar mano de sus propias malas decisiones para demostrar la realidad de las consecuencias. Recuerdo a un padre que tenía cáncer de pulmón y decía a su hijo adolescente: "Uno de mis grandes pesares es haber empezado a fumar a los catorce años. Tengo cáncer de pulmón a causa de esa decisión. Espero que tú seas más sabio de lo que fui yo en mi adolescencia". Su hijo comentó: "Papá, sé que cuando eras joven las personas no sabían que el cigarrillo producía cáncer de pulmón. Ahora lo sabemos. No tienes que preocuparte, porque yo no fumaré nunca. Te amo, papá". El padre me dijo: "Esa fue una conversación que nunca olvidaré". Si bien los adolescentes pueden aprender observando las malas decisiones de sus padres, el mensaje es mucho más poderoso cuando los padres reconocen sus malas decisiones.

Los padres también pueden influir en sus adolescentes mostrándoles los resultados dolorosos de las malas decisiones que otros adolescentes han tomado. Comentar un artículo acerca de alguien que murió en un accidente automovilístico porque un adolescente conducía bajo los efectos del alcohol o las drogas puede ser aleccionador para tu adolescente. No le prediques. Limítate a decirle: "Pensé que te interesaría leer esto. Es realmente triste. ¿Puedes imaginar cómo debió sentirse ese joven?". O, si estás mirando las noticias en televisión con tu adolescente y ves una historia acerca de un accidente grave o de comportamiento criminal, puedes comentar simplemente: "Eso me da ganas de llorar. Esa sola decisión arruinó su vida para siempre". No tienes que pontificar cuán necio fue el joven ni advertir a tu hijo acerca de nunca hacer tal cosa. Ellos captan el mensaje sin necesidad de tu sermón.

EL PELIGRO DE "PROBAR"

En nuestro mundo contemporáneo, un área en la que los adolescentes necesitarán la guía de los padres es la respuesta frente a los opiáceos, el alcohol, la marihuana, el cigarrillo y el cigarrillo electrónico. Muchos de sus compañeros van a presionarlo para que los "pruebe". Las investigaciones son claras: la mayoría de los adultos que son adictos al alcohol o a las drogas empezaron cuando eran adolescentes. No tenían la intención de volverse adictos. Solo querían divertirse. Nunca he encontrado a un adulto que haya rechazado el alcohol o las drogas en su adolescencia que haya lamentado su decisión. He conocido a cientos de adultos que decidieron "probar" cuando eran adolescentes y que aún lamentan profundamente su decisión.

Tal vez podrías lanzar un desafío a tu adolescente para que te presente una pequeña investigación. Recuerda que los investigadores reciben un pago, de modo que ofrécele pagarle un salario por hora para que investigue en Google los efectos negativos de drogas específicas (marihuana, cocaína, opioides) y te presente un reporte. O puedes proponerle que haga la investigación y que tú harás lo mismo para ver quién puede encontrar más información sobre el tema. Una edad ideal para este proyecto es a los trece años. Cuanto más temprano esté expuesto el adolescente a la verdad, más son las probabilidades de que tome una decisión sabia en el futuro. También pueden buscar en Google cuántas personas murieron en accidentes de tráfico el año pasado por culpa de alguien que conducía bajo los efectos de las drogas o el alcohol.

Obviamente, los padres tienen diferentes ideas acerca del alcohol y de las drogas. Algunos padres son adictos. Otros beben o fuman con moderación. Una pregunta relevante es: ¿Quieres que tu adolescente siga tu ejemplo? Si respondes afirmativamente, lo más probable es que impulses a tu adolescente en esa dirección. Si tu respuesta es negativa, tal vez el punto de partida sea cambiar tu propio comportamiento. Siempre he procurado animar a los adolescentes a que se abstengan de usar drogas, alcohol o cigarrillos hasta los veinticinco años. Esto se basa en investigaciones que indican claramente que el cerebro humano no está completamente desarrollado hasta esa edad. Si una persona se acoge a este plan, probablemente tomará una decisión sabia cuando tenga veinticinco años. ¿Por qué desearías estropear tu cerebro antes de que esté plenamente desarrollado? Un cerebro saludable es una gran ventaja en la secundaria, en la universidad y en la vida profesional.

LOS ADOLESCENTES, EL SEXO Y LA NECESIDAD DE GUÍA

Lo ideal es que la educación sexual haya empezado en el hogar mucho antes de que el niño se vuelva adolescente. En ese caso, los padres solo tienen que edificar sobre ese fundamento. Sin embargo, en los años adolescentes, los padres no deben ignorar el tema. Las voces de la cultura moderna en lo que atañe a la sexualidad son extremadamente distorsionadas. El adolescente necesita con urgencia tu influencia en esta área. A algunos padres les parece difícil porque no saben por dónde empezar. Si te has mostrado abierto y dispuesto a las preguntas de tu adolescente en otros temas, es probable que te haga preguntas acerca del sexo. Esta es la forma más natural de abordar el tema. Sin embargo, cuando el adolescente no hace preguntas, el padre debe ser proactivo y proponer el tema al adolescente.

Una de las maneras más sencillas de hacerlo es dar al adolescente un libro que hable acerca de la sexualidad de una manera acorde con tus propias convicciones (lo cual supone que debes leer primero el libro). Pide al adolescente que lo lea y que te diga si le pareció útil. Esta es una manera informal y amistosa de iniciar la conversación.

Si tienes un hijo adolescente, recomendaría un libro que escribí con el doctor Clarence Shuler que se titula *Joven valiente: ¡Vive una vida extraordinaria!* Este libro no solo trata acerca de la sexualidad, sino de otros diez temas. Si un padre lee con su hijo los capítulos y comentan las preguntas al final de cada capítulo, puede abrirse el camino a una comunicación satisfactoria. El libro está disponible para la compra en https://www.portavoz.com/jovenes/joven-valiente/.

> No podemos controlar el comportamiento de nuestros adolescentes, pero sí podemos ayudarles a entender que cada decisión que se toma tiene consecuencias.

Ayudar a los adolescentes a tomar decisiones sabias respecto a la sexualidad es de suma importancia. Una de las realidades tristes que trato en mi consultorio de consejería es escuchar a los padres acerca de su adolescente embarazada o su hijo con una enfermedad de transmisión sexual. Tu adolescente necesita tu guía para entender la sexualidad. Las conversaciones abiertas acerca del tema pueden ayudar al adolescente a tomar decisiones sabias. Sé que no podemos controlar el comportamiento de nuestros adolescentes, pero sí podemos ayudarles a entender que cada decisión que se toma tiene consecuencias. Tener una idea clara de esta realidad puede ayudarles a elegir sabiamente.

RESPETO

Los adolescentes necesitan guía para respetar a los adultos, especialmente aquellos con quienes interactúan, como maestros, entrenadores, abuelos y conductores de bus. Muchos maestros se quejan de que su mayor problema es la falta de respeto de los estudiantes. Solo mantener el orden en el aula supone un desafío de grandes proporciones. Los entrenadores tienden a recibir más respeto, quizás porque los estudiantes saben que si no siguen las instrucciones los expulsarán del equipo. Muchos conductores de bus escolar también reportan el mal comportamiento de los estudiantes a los padres y a los directores de las escuelas. Un número creciente de abuelos dicen: "No puedo creer la manera en que mis nietos desatienden las reglas cuando vienen a mi casa. No me quedan ganas de volverlos a invitar". Por supuesto que hay maestros, entrenadores, líderes eclesiales y otros adultos que abusan de su autoridad, a veces con consecuencias desastrosas. Aun así, no podemos pasar por alto a esos buenos servidores que ocupan esas posiciones con el ánimo de ayudar sinceramente a otros.

¿Por qué hemos visto el aumento de la falta de respeto en nuestra cultura? Yo creo que gran parte de esto puede deberse a que los padres han fallado en dar guía. Los padres ausentes o maltratadores han dejado jóvenes sin un ejemplo de respeto. Muchos de estos adolescentes están llenos de enojo porque no se sienten amados, sino rechazados. Su falta de respeto hacia la autoridad es su manera de expresar su enojo. Siento mucha empatía hacia las madres solteras que crían a sus adolescentes sin la ayuda de un padre. Yo instaría a estas madres a que hagan todo lo posible por encontrar a un hombre de confianza que pueda servir de padre sustituto para esos jóvenes. También recomendaría participar en una iglesia local o en una organización civil que ofrezca clases para niños y adolescentes. Aprender a respetar a cada persona que encontramos se basa en la convicción de que todos los seres humanos son valiosos. Respetar a otros como queremos ser respetados es una lección que todos los adolescentes deben aprender.

> Aprender a respetar a cada persona que encontramos se basa en la convicción de que todos los seres humanos son valiosos.

En esto también, como padre, ¿qué ejemplo estás dando de respeto por los demás? Cuando los padres hacen comentarios despectivos acerca de personas de otra raza o cultura o de ciertas profesiones, eso le da licencia al adolescente para hacer lo mismo. Todos hemos sido influenciados sustancialmente por la familia en la que crecimos y por la cultura en la que vivimos. Además, nuestro trasfondo puede favorecer el desarrollo de actitudes negativas hacia ciertos grupos humanos. En nuestra vida adulta debemos evaluar las actitudes que se han desarrollado en el pasado. Esa evaluación puede llevarnos a cambiar nuestra manera de pensar y, por ende, nuestro trato al prójimo.

Otra manera de enseñar respeto es corregir verbalmente a nuestro adolescente cuando oímos que expresa falta de respeto hacia su madre, su padre u otro miembro de la familia. El mensaje que el adolescente necesita oír es: "Cada miembro de nuestra familia es importante. Vamos a tratarnos con respeto". Se deben aplicar consecuencias acordes cuando un adolescente se comporta de manera irrespetuosa. Cuando cultivamos esa clase de atmósfera familiar, el adolescente recibe la primera y más básica lección acerca de mostrar respeto.

En caso de que los padres reciban informes de falta de respeto por parte del adolescente hacia sus maestros u otra persona, la misma estrategia amorosa pero firme debe aplicarse. El mensaje debe ser claro: "Esa no es la manera en que tratamos a los demás". Por naturaleza, los adultos y los adolescentes son egocéntricos. Nuestra tendencia es a juzgar a las demás personas que no son como nosotros. No queremos que los demás nos digan qué hacer. Cuando sentimos que otros nos controlan, nos rebelamos. Esa clase de rebelión a menudo produce un comportamiento que lastima a todos los involucrados en una relación. Aprender a controlar el enojo y a hablar con amabilidad y sinceridad al ofensor conduce a una solución mucho más eficaz y satisfactoria de los conflictos interpersonales. Perfeccionarse en el respeto a otros es importante tanto para los adultos como para los adolescentes.

En el libro que mencioné, *Joven valiente: ¡Vive una vida extraordinaria!*, reconocimos que hay un sinnúmero de decisiones que van a tomar los adolescentes y que cada una de ellas hará su vida mejor o peor. Enumeramos doce preguntas que el adolescente se puede plantear antes de tomar una decisión. Las incluyo aquí en caso de que los padres quieran tratarlas con sus hijos adolescentes.

¿Tendrá esto un efecto negativo o positivo en mi salud?

¿Cómo afectará esto mi capacidad de pensar con claridad?

¿Cómo afectará esta decisión a mis padres u otros adultos que me aman?

¿Esta decisión es ilegal?

¿Esta decisión es moralmente correcta o incorrecta?

¿Cómo afectará esta decisión a mis hermanos?

¿Me estoy dejando influenciar por otros para hacer algo que realmente no quiero hacer?

¿Defenderé lo que sé que es correcto en lugar de ceder ante la presión de los demás?

¿Cómo afectará esta decisión a mi educación futura?

¿Es esta decisión consecuente con lo que creo acerca de Dios?

¿Me alegraré de haber tomado esta decisión dentro de cinco años?

¿Esta decisión me ayuda a convertirme en la persona que quiero ser?

Los adolescentes necesitan guía y nada es más determinante que los padres para ayudarles a tomar decisiones sabias. Cuando el adolescente toma malas decisiones, aunque como padres lo amamos, también permitimos que sufra las consecuencias de ellas. A veces la experiencia es el mejor maestro. Es más probable que al aprender esto el adolescente tome decisiones sabias en su vida adulta.

SUGERENCIAS Y RECURSOS ADICIONALES

Se ha dicho que "quien cuenta la mejor historia gana". A fin de que los padres guíen a sus hijos a enfrentar decisiones difíciles, es crucial enmarcar esa guía dentro de parámetros positivos. Si bien es más fácil comunicar aquello a lo que te opones, requiere más esfuerzo explicar aquello que buscas propiciar. Los siguientes recursos proveen orientación de gran utilidad:

Ama tu cuerpo: Respuesta a preguntas difíciles sobre la vida y la sexualidad, por Nancy Pearcey

Ama tu cuerpo no rehúye algunas de las cuestiones más difíciles de nuestros días. Aborda los temas de la identidad de género, la cultura del sexo casual, el aborto, la sexualidad y otros.

La obra maestra de Dios, por Philip Yancey y el Dr. Paul Brand

Esta es una lectura fascinante que despertará la maravilla y el misterio de la huella de Dios en el cuerpo humano. Si tu adolescente tiene interés en la ciencia, la anatomía o el campo de la medicina, este libro se convertirá en un fantástico tema de conversación, y los adolescentes se interesarán por el trabajo del Dr. Brand para ayudar a los enfermos de lepra.

PREGUNTAS DE REFLEXIÓN Y APLICACIÓN

1. ¿Qué clase de influencia ejercieron tus padres sobre las decisiones que tomaste en tu adolescencia? ¿De qué modos te gustaría imitar a tus padres? ¿De qué modos te gustaría ser diferente a ellos?

_____

_____

_____

_____

2. ¿Consideras que tienes una buena relación con tu adolescente? ¿Qué pasos podrías dar para mejorar la relación?

_____

_____

_____

3. ¿Conoces y hablas a diario el principal lenguaje del amor de tu adolescente?

_____

_____

_____

4. ¿Prestas toda tu atención a tu adolescente cuando quiere hablar contigo? ¿Has aprendido a afirmar sus pensamientos y sentimientos aun cuando estás en desacuerdo con ellos?

_____

_____

_____

5. ¿En qué área sientes que tu adolescente, en su edad actual, necesita más tu guía?

_____

_____

_____

6. ¿Qué contenido de este capítulo te ha parecido más útil?

_____

_____

_____

Lo que me hubiera gustado saber...

Sobre la necesidad de los adolescentes de cultivar una actitud de servicio

Al entrar en el vestíbulo del banco de mi localidad, la cajera me preguntó:

—¿En qué puedo ayudarle hoy?

—Nada más quiero hacer un depósito —respondí.

Ella se encargó de la transacción y dijo:

—Que tenga una buena tarde.

—Igualmente —dije.

Luego me dirigí a la oficina de correos para enviar un paquete. Hice la fila, esperé mi turno y finalmente me paré frente al empleado, que no dijo nada.

—Necesito enviar este paquete —dije.

Tampoco respondió nada mientras tomaba el paquete y lo pesaba.

—Nueve con setenta y seis —dijo.

Yo le di un billete de diez y él me dio el cambio. Yo dije "gracias" y él asintió. Yo no sabía si se trataba de alguna política de la empresa lo que explicaba la diferencia entre esos dos encuentros, o si uno de ellos tuvo unos padres que le enseñaron la alegría de servir y el otro no. Lo que sí sabía es a cuál de ellos yo quería que mi adolescente imitara.

Una de las mayores dichas de la vida radica en servir a otros. Albert Schweitzer fue un médico que eligió invertir su vida no en ganar dinero, sino en ir a África y ayudar a quienes tenían acceso limitado a cuidados médicos. Hacia el final de su vida recibió el Premio Nobel de la Paz. A él se le atribuyen estas palabras: "Los únicos que serán verdaderamente felices son quienes busquen y encuentren cómo servir a otros". Habló con la voz de la experiencia. He observado que quienes viven centrados en sí mismos rara vez encuentran verdadera felicidad, mientras que quienes eligen una actitud de servicio a otros encuentran una profunda satisfacción.

Quienes viven centrados en sí mismos rara vez encuentran verdadera felicidad.

Muchos estarán de acuerdo con que Jesús de Nazaret tuvo una influencia positiva más grande que cualquier otra persona en la historia. Si lees la historia de su vida, descubrirás que fue una vida dedicada al servicio de los demás. Él dijo acerca de sí mismo: "...el Hijo del Hombre no vino para ser servido, sino para servir..."[1] Asimismo, instruyó a sus seguidores: "como yo os he amado, que también os améis unos a otros".[2]

En la medida en que sus seguidores imiten su estilo de vida, también tendrán una influencia positiva en el mundo. La historia abunda en ejemplos. Miles de instituciones educativas, hospitales, orfanatos

---

1. Mateo 20:28.
2. Juan 13:34.

y otras organizaciones filantrópicas se originaron en los corazones de hombres y mujeres que tuvieron una actitud de servicio al prójimo. Los niños no nacen con esta actitud. Somos por naturaleza seres egocéntricos. Librados a nuestros instintos naturales, solo buscaremos nuestro propio bienestar y esperaremos que los demás hagan lo mismo. Sin embargo, cuando tenemos una actitud de servicio, aunque naturalmente nos ocupemos de nuestras propias necesidades, nuestra fuerza impulsora será ayudar a otros. Aunque en ciertos casos ese estilo de vida traiga consigo riqueza, rango y honra, estos se enfocarán en servir a otros. Por otro lado, también es posible que quienes eligen un estilo de vida de servicio nunca logren acumular riqueza ni alcanzar posición social. Se dan cuenta de que el verdadero sentido de la vida no está en esas cosas, sino en invertir la vida en el servicio al prójimo.

DAR EN LUGAR DE RECIBIR

¿Cómo ayudan los padres a los adolescentes a desarrollar una actitud de servicio? A pesar de que no existe una varita mágica ni una fórmula secreta, creo que los padres deben primero estar convencidos de que quieren dejar el mundo mejor de como lo encontraron. Quieren ser "dadores" en lugar de ser personas que solo reciben de los demás. Si tal es la actitud de los padres, desearán criar hijos que estén comprometidos con la misma actitud. Una actitud de servicio es algo que se aprende más por el ejemplo que por la instrucción. En mis años de adolescencia recuerdo que mi padre cortaba el césped de los vecinos cuando estaban enfermos y llevaba productos de nuestro huerto a los necesitados. Recuerdo que mi madre preparaba comida y la llevaba a otras casas. No recuerdo que me hayan dicho alguna vez que debía servir a otros, pero con los años entendí.

"¿En qué puedo ayudarte?" es una pregunta que debe formularse en cada familia que desea tener adolescentes que busquen servir a otros. La madre le pregunta esto al padre y el padre a la madre. Ambos se lo preguntan a sus adolescentes. Pronostico que, con el tiempo, el adolescente empezará a hacerle la misma pregunta a sus padres. Desarrollar una actitud de servicio empieza en el hogar. En muchos sentidos, los padres ya están sirviendo a sus hijos y se sirven unos a otros. Puede que lo hagan por un sentido del deber o por amor, pero sin cierto grado de servicio a los otros miembros de la familia, la familia no podría sobrevivir. Recuerda que el amor es en sí mismo una actitud, no un sentimiento. El servicio no es más que una expresión de amor. El amor es la actitud que se dice a sí mismo: "Quiero enriquecer las vidas de mi familia y de los demás. Quiero hacer del mundo un lugar mejor". Preguntar: "¿En qué puedo ayudarte?" o "¿Cómo puedo ayudarte?" es una manera de resaltar el servicio como algo prioritario para los miembros de la familia.

Integrar a tu adolescente en proyectos de servicio fuera del hogar es otra manera de ayudarle a descubrir la satisfacción de ayudar a otros. Uno de los proyectos que hice cuando nuestros hijos eran adolescentes fue que me acompañaran en el otoño a retirar las hojas caídas de los jardines de nuestros vecinos ancianos que ya no podían hacerlo solos. Recuerdo que nuestra hija comentó: "Papá, me siento bien cuando ayudo a otros". Esa clase de experiencias llevan a los adolescentes más adelante a ayudar a sus compañeros en la escuela. Hace poco un padre me comentaba que una vez al mes llevaban a su adolescente a ayudar en el comedor comunitario el sábado por la mañana. Preparaban cajas de comida que eran entregadas en la tarde. Los adolescentes que aprenden la dicha de ayudar a otros probablemente lo adoptarán como un estilo de vida cuando sean adultos.

Enseñar a los adolescentes una actitud de servicio es prepararlos para sacar el mayor provecho de su vocación. Los adultos que consideran su carrera una manera de ayudar a las personas encontrarán mucha más satisfacción en su trabajo. Algunas profesiones como maestro, médico, enfermera y muchas otras se orientan claramente al servicio de otros. De hecho, la mayoría de las vocaciones prestan de algún modo un servicio social, pero muchas personas conciben su profesión únicamente como un medio de provisión financiera para sus familias. Si tienen una actitud de servicio se enfocarán en llevar a cabo un trabajo que ayude a otros y encontrarán mayor satisfacción en él. No será un simple empleo. Será una vocación, lo cual significa "un llamado" o "una misión".

> ## Enseñar a los adolescentes una actitud de servicio es prepararlos para sacar el mayor provecho de su vocación.

Hace un tiempo conocí a una señora en una fábrica de mantas. Su trabajo era coser el dobladillo de la manta. En eso consistía su trabajo día tras día. Le pregunté si alguna vez se aburría haciendo eso. Ella respondió: "No, porque yo sé que cada manta a la que coso el dobladillo algún día abrigará a alguien. Me encanta mi trabajo". Ella era una mujer que conocía el gozo de servir a otros.

Una actitud de servicio en el adolescente puede evidenciarse a través de pequeños gestos como ayudar a un amigo en un proyecto escolar, ayudar a sus abuelos a cambiar una bombilla u ofrecerse como voluntario en el grupo de jóvenes de la iglesia, en la escuela o en un proyecto comunitario. Hace poco me animó ver a un grupo de estudiantes de escuela intermedia limpiar un terreno baldío que estaba lleno de basura. En mi opinión, una de las iniciativas más útiles que los padres y quienes trabajan con adolescentes pueden dar es involucrarlos en el servicio al prójimo. El adolescente que logra saborear la satisfacción que produce el servir a otros muy probablemente mantendrá esa cualidad hasta la edad adulta.

ALÁBALOS POR HACER EL BIEN

Cuando los padres observan a su adolescente sirviendo a otros de algún modo, la afirmación verbal o una nota escrita para expresar cuán orgullosos están de él o ella les ayuda a internalizar el valor de servir a otros. Un estudiante de primer año de universidad dijo: "Mis padres siempre estaban ayudando a otros. Mi papá me llevaba muchas veces con él para apoyar la organización Hábitat para la Humanidad en construir casas para los pobres. Supongo que esa es la razón por la que me gusta ayudar a otros. El fin de semana pasado llevé a un grupo de compañeros para ayudar a construir una casa con esa organización.

Para algunos de ellos fue la primera experiencia de ese tipo. Un amigo dijo: 'Esto es mucho más divertido que jugar al disco volador'. Durante la semana recibí una tarjeta de mi papá donde me dijo lo orgulloso que se sentía de mí". Los padres que afirman el "servicio a otros" además de los logros académicos están enseñando a sus hijos adolescentes a marcar una diferencia positiva en el mundo. ¡Ojalá más estudiantes universitarios pudieran experimentar esta alegría, en lugar de buscar la felicidad en actividades egoístas!

Los padres que se enojan porque su adolescente no cumple con sus deberes diarios pueden perder oportunidades para afirmarlo. A un hijo se le asignó la tarea de sacar la basura cada día. Olvidó hacerlo un día y, cuando al final lo hizo, su madre le dijo: "Ya era hora de que sacaras la basura. Ese olor me estaba enfermando". La condenación rara vez motiva a un adolescente o a un adulto. Qué te parece más bien decir: "Agradezco realmente que saques la basura; significa mucho para mí. Cuando sacas la basura cada noche no tengo que olerla al día siguiente. ¡Gracias!". La afirmación que se da sin exigir perfección motiva al adolescente a esforzarse a diario. Cuando el servicio a cualquier nivel es apreciado tiende a volverse más permanente.

Yo creo que todo adolescente debería tener responsabilidades en el hogar. Estas labores deben ser reconocidas como formas de servicio a la familia, no simplemente como un trabajo obligatorio. Cuando los padres son agradecidos uno con el otro y expresan gratitud al adolescente cuando completa una tarea, esto comunica que el servicio a la familia es una actividad noble. Una actitud de servicio que se aprende en casa se expresará más adelante en la vida comunitaria.

La afirmación que se da sin exigir perfección motiva al adolescente a esforzarse a diario.

Cuando los adolescentes observan a sus padres llevando a cabo actos de servicio a otros, las semillas quedan plantadas y muy probablemente llevarán fruto en sus vidas. Invitar a tu adolescente a que te ayude a servir a otros genera recuerdos que muy seguramente lo llevarán a desarrollar una actitud de servicio. A lo largo de los años he observado a numerosos padres que toman una semana de vacaciones cada verano para trabajar en el campamento juvenil de su iglesia. Algunos trabajan en la cocina y otros son consejeros o directores deportivos. No me sorprende ver ahora a sus hijos adultos haciendo lo mismo. La influencia del ejemplo de los padres no puede sobrevalorarse. Ayudar a nuestros adolescentes a desarrollar una actitud de servicio es equiparlos para una vida de profunda satisfacción.

> **Ayudar a nuestros adolescentes a desarrollar una actitud de servicio es equiparlos para una vida de profunda satisfacción.**

Con todas nuestras imperfecciones debo decir que esta es un área en la que me parece que Karolyn y yo logramos realizar una buena labor. Nuestros hijos nunca olvidarán el compromiso de Karolyn de preparar un desayuno caliente para la familia cada mañana hasta que el menor salió a la universidad. Para Karolyn fue un compromiso con mucho sacrificio, porque ella no es una persona madrugadora. Como padres nos esforzamos por demostrar una actitud de servicio tanto en el hogar como en la comunidad. Mi vocación, como sabe todo consejero, exige un profundo compromiso de servicio al prójimo. Una de nuestras dichas más grandes es ver a nuestros hijos adultos viviendo un estilo de vida de servicio. También vemos esa actitud en nuestros dos nietos que ahora están en la universidad. Sí, la satisfacción más grande en la vida consiste en servir a Dios por medio del servicio a los demás.

SUGERENCIAS Y RECURSOS ADICIONALES

Aunque existen muchos libros que puedes leer acerca de una actitud de servicio, la manera más eficaz de formar en tus hijos un corazón de siervo es invitándolos a servir a tu lado. Encontrar maneras de servir con tus hijos de diferentes edades puede ser un reto, pero esta organización y estos recursos pueden ayudarte a empezar:

Hábitat para la Humanidad

El enlace para el área de Latinoamérica y el Caribe es el siguiente: https://www.habitat.org/lac-es. Hábitat para la Humanidad es una organización sin ánimo de lucro que ayuda a las familias a construir casas. Ofrecen oportunidades de voluntariado para todas las edades e incluso tienen secciones en muchas escuelas secundarias.

Loco amor, por Francis Chan

Francis Chan es otra persona que realmente vive la misión que predica. Su libro *Loco amor* conecta muy bien con los adolescentes y le dará a tu hijo una visión para vivir una vida de servicio y fe.

Desafío a servir, por Charles R. Swindoll

Este clásico es difícil de leer porque revela mucho de la naturaleza egoísta que tiene una fortaleza en nuestros corazones. Swindoll demuestra el verdadero poder e influencia de un siervo y las ricas recompensas que se obtienen al dar la vida por los demás.

PREGUNTAS DE REFLEXIÓN Y APLICACIÓN

1. ¿Observaste en tus padres una actitud de servicio? En caso afirmativo, ¿cómo la expresaron en la familia y en la comunidad?

_____

_____

_____

2. Al meditar en tus propios años de adolescencia, ¿qué evidencia hay de que empezabas desde entonces a desarrollar una actitud de servicio?

_____

_____

_____

3. Como adulto, ¿cómo te clasificarías en una escala de 0 a 10 en cuanto a tener una actitud de servicio?

_____

_____

4. ¿Consideras tu vocación como un medio para servir a otros? En caso afirmativo, ¿cómo afecta esto tu manera de llevar a cabo tu trabajo?

_____

_____

_____

5. ¿Qué haces ahora mismo para ayudar a tu adolescente a desarrollar una actitud de servicio?

_____

_____

_____

6. ¿Has observado a tu adolescente sirviendo a otros miembros de la familia? ¿O a otros fuera de la familia? Si es así, ¿cuál fue tu respuesta frente a ello? ¿Tuvo tu respuesta un efecto positivo o negativo en tu adolescente?

_____

_____

_____

7. Después de leer este capítulo, ¿qué te gustaría cambiar en tu modo de actuar?

_____

_____

_____

Capítulo 10

Lo que me hubiera gustado saber...

Sobre la importancia de la salud emocional de los adolescentes en su éxito educativo

Yo sabía el valor de la educación antes de tener adolescentes. Lo que no sabía era la relación que existe entre la salud emocional y el éxito académico del adolescente. Esta realidad quedó muy clara cuando aconsejé a un sinnúmero de padres preocupados por las dificultades educativas de sus adolescentes. "Sabemos que es capaz, pero no se siente motivado". "No logramos que asuma sus deberes con seriedad". "Queremos que haga su mejor esfuerzo, pero parece conformarse con lo mínimo". "Nuestro adolescente sigue metiéndose en líos en la escuela. Es como si no pudiera llevarse bien con la gente, ni siquiera con los profesores". Esta es la clase de reportes que escuchaba de los padres.

Numerosos proyectos de investigación revelan claramente que los estudiantes que tienen un buen desempeño en la secundaria serán más exitosos en la vida que los que tienen un bajo desempeño o abandonan la escuela. También tienen mayores probabilidades de ser admitidos en una universidad y de tener un buen desempeño académico. El éxito educativo abre el camino a mejores trabajos, mejores salarios, mayores oportunidades en la vida y una mejor salud física, entre otras ventajas. Como sociedad, sabemos que la educación de calidad reduce la delincuencia y la pobreza, al tiempo que promueve la estabilidad económica, la igualdad social y un mayor sentido de participación cívica. La mayoría de los padres quieren que sus hijos aprovechen al máximo sus oportunidades educativas. Sin embargo, muchos adolescentes no alcanzan a desarrollar al máximo su capacidad académica.

La educación de calidad reduce la delincuencia y la pobreza, al tiempo que promueve la estabilidad económica, la igualdad social y un mayor sentido de participación cívica.

Cuando pensamos en el fracaso escolar de los adolescentes, a menudo lo atribuimos a factores como el uso de las drogas y el alcohol, a las pandillas o a problemas de salud mental. Lo que he descubierto es que con frecuencia el problema se origina en necesidades emocionales insatisfechas. En nuestra sociedad tan fracturada, muchos adolescentes han experimentado el divorcio de sus padres. Otros viven únicamente con la madre y nunca han conocido a su padre. Otros tienen padres que los maltratan verbal o físicamente, lo cual en ocasiones obliga al adolescente a tener que trasladarse de un hogar de paso al siguiente. No es difícil entender por qué muchos de estos adolescentes se han sentido emocionalmente abandonados. Sin embargo, ¿qué pasa con los adolescentes que crecen en hogares relativamente estables y aun así experimentan dificultades académicas? No quiero minimizar problemas como el trastorno por déficit de atención con hiperactividad (TDAH), la dislexia, la discalculia y otros trastornos de aprendizaje. Estas dificultades deben recibir la atención que merecen en las mejores escuelas que es posible ofrecer. En lo que quiero enfocarme es en las razones emocionales por las cuales muchos estudiantes no tienen un buen desempeño escolar. Cuando las necesidades emocionales básicas del adolescente no son satisfechas, su capacidad y su motivación para perseguir metas educativas se afecta en gran manera. ¿Cuáles son estas necesidades emocionales y cómo pueden los padres y otros adultos atentos ayudar a satisfacerlas?

En el capítulo 3 presenté la que yo considero la necesidad más fundamental del adolescente: la necesidad de sentirse amado. Por eso dediqué un capítulo entero al tema. Descubrir y hablar con regularidad el principal lenguaje del amor del adolescente les permite a los padres satisfacer de manera eficaz esta profunda necesidad emocional. En este capítulo quiero enfocarme en otras necesidades emocionales básicas del adolescente.

LA NECESIDAD DE PERTENECER

La necesidad de pertenecer es de suma importancia para los adolescentes. Esta es la necesidad que los impulsa a formar grupos, afiliarse a clubes y, en ocasiones, ser arrastrados por pandillas destructivas. Los adolescentes quieren sentirse aceptados, quieren agradar a otros. Un adolescente puede quedar destrozado cuando sufre ciberacoso escolar. Cuando aquellos que considera "amigos" no responden a sus publicaciones en línea, el adolescente se siente rechazado. El lugar más natural para suplir la necesidad de pertenencia es en la familia. Esta es la esencia como tal de lo que es el núcleo familiar. En la familia, todos pertenecen. Todos son importantes. Todos son aceptados. Estas son marcas de una familia saludable.

Sin embargo, cuando la familia queda fracturada por el divorcio, la ausencia o el maltrato de los padres, el sentido de pertenencia se evapora. Un adolescente dijo: "Mi papá dijo que me amaba, pero nos dejó y no lo he visto en dos años". Este adolescente estaba hablando con un consejero escolar porque iba mal en sus clases. Su mundo emocional se había derrumbado y él se sentía rechazado por su padre. Si yo pudiera decir algo a las parejas que se divorcian, este sería mi mensaje: "Por favor, conserven el vínculo con su adolescente. Los necesita con urgencia para sentir que todavía es importante para ustedes y saber que ustedes se interesan de verdad por él. Si antes del divorcio maltrataron al adolescente verbal o físicamente, por favor busquen consejería para resolver sus propios problemas, discúlpense con su hijo por su conducta destructiva y procuren restaurar una relación de amor".

¿Qué pueden hacer los padres para promover un ambiente familiar donde los adolescentes se sientan queridos y sientan que pertenecen? Obviamente una de las maneras es hablar a diario su principal lenguaje del amor, como ya he señalado. Los adolescentes que se sienten amados por sus padres tienen mayores probabilidades de experimentar un sentido de pertenencia. Asimismo, los padres pueden enfatizar verbalmente "nuestro" sentido de pertenencia. Hablen abiertamente acerca de su compromiso mutuo. En una reunión familiar alrededor de la mesa, pregunta: "¿Saben todos que estamos aquí para ayudarnos y que cuentan con nosotros? Aunque no siempre estemos de acuerdo, somos una familia y las familias permanecen unidas. ¿Están todos de acuerdo con esto?". Da lugar a que los hijos hagan comentarios o den su respuesta. Conversen abiertamente acerca del concepto de pertenecer a una familia y lo que significa ayudar a los adolescentes a sentirse seguros y valorados. Por supuesto, nuestras palabras y acciones deben demostrar lo que decimos acerca de ser una familia.

Las habilidades sociales de hacer preguntas y escuchar que fueron presentadas en el capítulo 5 son importantes para expresar al adolescente su valor como persona. Cuando le pedimos su opinión y le brindamos nuestra atención exclusiva demostramos que valoramos sus pensamientos e ideas. Esto nutre su sentido de pertenencia. Es una manera de hacerlo sentir miembro valorado de la familia. Por el contrario, cuando no lo involucramos en la conversación, llega a creer que sus ideas no son importantes para nosotros. Esto no significa que tengamos que estar de acuerdo con todas sus ideas. Nosotros somos los padres y los principales responsables de tomar las decisiones que consideramos mejores, pero incluir al adolescente en el proceso le comunica cuán importante es dentro de la familia. Hacer actividades juntos como familia también fortalece el vínculo emocional entre sus miembros. Dependiendo de los intereses del adolescente, hornear y decorar pasteles, reparar algún objeto, explorar museos locales, casas históricas o reservas naturales, asistir a conciertos, obras de teatro o eventos deportivos son maneras de propiciar la unidad. Los recuerdos de esas experiencias le darán al adolescente un sentido de pertenencia que lo acompañará hasta la vida adulta. El sentido de pertenencia familiar y de ser aceptado no solo protegerá al adolescente de pandillas perjudiciales en las que podría enredarse, sino que lo animará a sacar el máximo provecho de su vida tomando sus estudios con seriedad.

LA NECESIDAD DE CONFIAR EN SÍ MISMO

Los adolescentes que no se sienten bien consigo mismos ni confían en sus capacidades muy probablemente no se esforzarán por alcanzar logros académicos. La confianza en sí mismo no significa pensar o sentir que eres mejor que otros. Antes bien, es sentirte bien con lo que *tú* eres. La confianza en sí mismo le infunde al adolescente el valor para intentar nuevos retos e inscribirse a cursos sobre temas que conoce poco, pero de los cuales quiere saber más. Estos adolescentes no tratan de ser como otros para sentirse bien consigo mismos. Antes bien, buscan desarrollar los intereses y las habilidades que tienen con la finalidad de alcanzar metas que para ellos merecen la pena.

La confianza en sí mismo se afecta en gran manera por los mensajes que el adolescente recibe de otros acerca de él. Recuerdo a un joven al que le fue mal en sus estudios de secundaria, pero fue un excelente estudiante en la universidad. Yo le pregunté:

—¿A qué se debió ese cambio repentino?

En nuestra conversación me confesó que en la escuela intermedia había tenido un maestro que le dijo, después de sacar una mala calificación en un examen: "Supongo que no eres un estudiante como tu hermana".

Esas palabras tuvieron un efecto desastroso en él.

—Dejé de intentarlo —me dijo—. ¿Para qué desperdiciar mi tiempo estudiando si no soy un buen estudiante? Me gustaba el baloncesto, de modo que me dediqué al deporte. (Fue un excelente jugador en la secundaria).

—Pero ¿por qué cambió todo cuando llegaste a la universidad? —pregunté.

—Tomé un curso de filosofía y me encantó. Empecé a estudiar y logré sacar la máxima calificación. Entonces pensé: "Tal vez sí soy un buen estudiante". De modo que empecé a estudiar. Después de eso, saqué buenas calificaciones por el resto de mi carrera.

Un comentario de un profesor insensible marcó su manera de pensar acerca de sí mismo como estudiante. Una experiencia educativa positiva le dio un giro completo a la forma de verse a sí mismo.

Las palabras de aliento son extremadamente importantes para ayudar a desarrollar la confianza del adolescente en sí mismo. Los padres y otros adultos influyentes a veces no logran entender el poder de las palabras. Las palabras condenatorias tienden a comunicar sentimientos de incompetencia. Las palabras de afirmación estimulan en el adolescente sentimientos de confianza en sí mismo. Muchos adultos exitosos dirán: "Mis padres me dijeron que podía lograr todo lo que me propusiera en la vida si me esforzaba". Ese mensaje los motivó a aplicarse al estudio y a cultivar otras áreas de interés. El adolescente que confía en sí mismo tendrá mayores probabilidades de triunfar en la escuela, así como en otras actividades.

> El adolescente que confía en sí mismo tendrá mayores probabilidades de triunfar en la escuela, así como en otras actividades.

Otra manera de promover la confianza en sí mismo es la inversión de tiempo y de energía de los padres para ayudar al adolescente a ser exitoso en proyectos o metas que se propone. Un adolescente que tiene interés en aprender a cocinar desarrollará la confianza en sí mismo con un padre que dedica tiempo a enseñarle. Lo mismo es cierto acerca del apoyo parental en los deportes, la música, la carpintería, la tecnología, la pintura o cualquier otro interés que muestre el adolescente. Cuanto más le ayudes a ser exitoso en sus iniciativas, mayor será su confianza en sí mismo. El sentimiento de logro alimenta la autoestima, lo cual le será de gran utilidad al adolescente en el ambiente educativo.

LA NECESIDAD DE SER COMPRENDIDO

La cultura de nuestro mundo actual es extremadamente confusa. Miles de voces comunican miles de visiones diferentes acerca de casi cualquier cosa. El adolescente está tratando de encontrarle sentido a todo esto y decidir qué le conviene creer y hacer con su vida. En este proceso, muchas veces contemplan ideas que son diferentes a las creencias de los padres en varios temas. El padre sabio las escuchará sin condenarlo por tener esas ideas. Antes bien, escucha con atención y hazle preguntas con la intención de entender lo que el adolescente piensa y siente. Censurar de inmediato las ideas del adolescente sin hablar acerca de ellas aleja al adolescente y lo deja sintiéndose incomprendido. Dedicar tiempo a escucharlo mantiene la puerta abierta para el diálogo.

Los adultos también queremos ser comprendidos. Por eso comunicamos nuestras ideas a los amigos y a la familia. Somos criaturas sociales y por medio del diálogo construimos relaciones. En una cultura en la que se escucha poco al otro y, en lugar de eso, se censura a los que están en desacuerdo con nosotros y se habla de ellos en términos despectivos, el adolescente encuentra nuevos modelos de diálogo en las redes sociales y en otros lugares. Esto hace que el papel del padre sea aún más vital para dar ejemplo de escucha empática. Un estudiante de primer año de universidad dijo: "Mis padres siempre me han escuchado, aun cuando he tenido ideas locas. Siempre me sentí comprendido por ellos y nunca juzgado. Ellos siempre me desafiaron a seguir aprendiendo y a estar abierto a ideas diferentes cuando descubría nueva información. Por esa razón, la educación es tan importante para mí. Quiero seguir aprendiendo". Si los padres mantienen abierta la puerta de la comunicación, tendrán una influencia positiva en la vida del adolescente hasta la universidad y más allá. Cuando el adolescente se siente comprendido por los padres está mucho más dispuesto a escuchar el punto de vista de ellos.

> **Cuando el adolescente se siente comprendido por los padres está mucho más dispuesto a escuchar el punto de vista de ellos.**

Esto no significa que estemos de acuerdo con todas sus ideas. Sí demuestra que los respetamos y que estamos siempre dispuestos a escuchar lo que piensan y lo que sienten. Nosotros les comunicamos nuestros puntos de vista acerca del tema y las razones por las cuales pensamos de cierto modo. También podemos echar mano de libros o investigaciones que corroboran nuestras ideas. Lo ideal es que juntos podamos seguir aprendiendo. Por regla general, el adolescente que se siente comprendido y respetado por sus padres los hará partícipes de su experiencia educativa. Un joven recién graduado de la universidad dijo: "Gracias a que mis padres me incluyeron en las conversaciones acerca de mi educación durante mi escuela intermedia y secundaria, yo pude hablar con ellos libremente a la hora de elegir universidad. Ellos quisieron que yo tomara la decisión final y estoy agradecido por ello, pero también quería valorar sus ideas". Esta es la actitud que esperamos ver en un adolescente cuando sus necesidades de ser comprendido son satisfechas.

LA NECESIDAD DE ENCONTRAR SIGNIFICADO Y PROPÓSITO

Seamos francos: Muchos adultos todavía luchan con esto. Detrás de la fachada de actividades cotidianas, la pregunta persiste: "¿Tiene alguna trascendencia mi vida?". En nuestra cultura hemos buscado desplazar este anhelo con preguntas como: "¿Me estoy divirtiendo? ¿Soy feliz?

¿Disfruto lo que hago con mi vida? ¿Soy hábil en lo que hago?". Nos contentamos con responder afirmativamente estas preguntas para seguir nuestro rumbo. De lo contrario, tendemos a dejarnos llevar por la ansiedad, la depresión, los sentimientos de aburrimiento y apatía. Para el adolescente que crece en nuestra cultura, esta necesidad de significado y propósito está ligada a los logros. El adolescente simplemente trata de seguir la norma cultural. Nuestra cultura premia a las personas que alcanzan logros. Si sobresalen en el deporte son aplaudidos. Puede que incluso logren ir a la universidad sin costo, lo cual no siempre se asocia con una buena educación. Este acento en el logro es lo que impulsa a muchos adolescentes a los videojuegos. Al principio compiten con ellos mismos para mejorar sus habilidades. Luego compiten con otros, disfrutando cada victoria y sintiéndose mal por cada derrota. En el mundo de los videojuegos, el logro no va a llevarlos a la universidad con becas. De hecho, es probable que sea un impedimento para su educación.

No me malentiendas. No estoy en contra del logro. El hecho de sentir que se logra algo alimenta en el ser humano la profunda necesidad emocional de significado y propósito. Como padres, queremos alentar este impulso hacia el logro. Sin embargo, esperamos que puedan orientar ese impulso hacia logros significativos que sean de ayuda para el adolescente y un aporte a la cultura. Sabemos que algunos adolescentes son arrastrados por las pandillas, donde se abren camino para convertirse en expertos en vender drogas. Sienten que "logran" algo, pero ese logro no les aporta a ellos ni a la sociedad.

Cuanto más temprano los padres puedan ayudar a sus hijos a buscar metas valiosas, más probabilidades habrá de que los logros del adolescente sean encomiables. Si creemos que los logros académicos impulsarán al adolescente a un futuro productivo, entonces desearemos hacer todo lo que esté a nuestro alcance para estimular su gusto por educarse. Lo ideal es que el camino empiece con la lectura en voz alta antes de que los hijos tengan la edad suficiente para leer por sí solos. A medida que el niño crece, los padres establecen una "hora de lectura" dentro de la agenda del día. De ese modo, la lectura se convierte en parte integral de la vida del niño. Los educadores coinciden en que la lectura es la habilidad más fundamental para obtener una buena educación. Algunos padres han fallado en cultivar este interés y habilidad en la mente del niño, prefiriendo dejar que el niño pase horas ilimitadas frente a las pantallas. Los educadores coinciden también en que un niño completamente metido en las pantallas difícilmente desarrollará todas sus capacidades en el mundo educativo.

Un niño completamente metido en las pantallas difícilmente desarrollará todas sus capacidades en el mundo educativo.

¿Qué sucede si, como padre, te das cuenta de que tu adolescente no se interesa en la lectura y en cambio pasa una cantidad de tiempo ilimitada a diario en las pantallas? Yo sugiero que hables con un maestro que pueda recomendarle buenos libros para la edad de tu hijo. Luego, confiésale a tu hijo que te has dado cuenta de que le has fallado al no exponerlo a buena literatura. Discúlpate con tu adolescente y pídele que te perdone. Luego, trabaja con él y organiza la agenda para ayudarle a explorar el mundo de la lectura por el simple placer de leer, no por obligación. Recuerda que muchos adolescentes de hoy tienen agendas muy apretadas y la idea no es que se convierta en una obligación más. Deja que tu adolescente te vea a *ti* leyendo un libro en tu tiempo libre en lugar de estar con el teléfono o viendo series televisivas en alguna pantalla. Vayan juntos a una buena librería independiente y no olviden hacer uso de la biblioteca de su localidad.

Sabemos que los adolescentes tienen diferentes áreas de interés y que a menudo se aficionan a algo con gran intensidad. Si se inclinan por la música, consígueles biografías de grandes músicos. Si les apasionan los deportes, dales biografías de deportistas exitosos. Si les interesa la medicina, invítalos a leer experiencias de vida de quienes han ejercido la profesión. Preséntales libros y autores que reflejen y exploren su legado familiar y étnico. Si les interesa más la ciencia ficción y la fantasía, ayúdales a descubrir lo mejor que ese mundo tiene para ofrecer.

La necesidad de encontrar significado y propósito es mucho más profunda que el simple logro de metas personales. Sin embargo, para el adolescente este es un punto de partida. En el capítulo siguiente trataremos la dimensión espiritual de la vida que también evidencia la necesidad de encontrar significado y propósito.

En la medida en que se satisfacen las necesidades emocionales que hemos expuesto en este capítulo, prepararemos a nuestros adolescentes para el éxito educativo. A lo largo de los años me ha asombrado la forma en que muchos padres ignoran la relación que existe entre la satisfacción de las necesidades emocionales y el éxito académico. Espero que este capítulo ayude a muchos padres a comprenderla.

SUGERENCIAS Y RECURSOS ADICIONALES

Es importante enseñar a los hijos a ayudar a otros. También es importante enseñarles a cultivar prácticas saludables de autocuidado. A medida que adquieran mayor conciencia de sus propias emociones tendrán una mayor capacidad de cuidar a otros. El siguiente recurso te ayudará a enseñar a tu adolescente a ser compasivo, empático, valiente y resiliente, y a cultivar su inteligencia emocional.

Espiritualidad emocionalmente sana, por Peter Scazzero

Teresa de Ávila escribió: "Casi todos los problemas en la vida espiritual proceden de la falta de autoconocimiento". Este libro, de uno de los principales expertos en inteligencia emocional, es, en esencia, una larga sesión de asesoramiento que te permite entender quién eres y por qué eres así. Si los padres se acercan a sus propias historias con valentía, esto podría llevarles a ser sinceros con ellos mismos y transformar sus relaciones con sus hijos adolescentes.

PREGUNTAS DE REFLEXIÓN Y APLICACIÓN

1. Reflexiona en tus años de adolescencia. En una escala de 0 a 10, evalúa en qué medida fueron satisfechas tus propias necesidades emocionales a esa edad.
   - La necesidad de sentirte amado _____
   - La necesidad de pertenecer _____
   - La necesidad de confiar en ti mismo _____
   - La necesidad de ser comprendido _____
   - La necesidad de encontrar significado y propósito _____

2. Al mirar en retrospectiva, ¿qué desearías que tus padres hubieran hecho diferente? ¿Qué agradeces de lo que hicieron tus padres?

   _____

   _____

   _____

3. Piensa en tu adolescente. En una escala de 0 a 10, evalúa en qué medida satisfaces cada una de las necesidades emocionales mencionadas.
   - La necesidad de sentirse amado _____
   - La necesidad de pertenecer _____
   - La necesidad de confiar en sí mismo _____
   - La necesidad de ser comprendido _____
   - La necesidad de encontrar significado y propósito _____

4. ¿Estarías dispuesto a pedir a tu adolescente que evalúe por sí mismo la medida en que son satisfechas estas necesidades emocionales en su propia vida?

   _____

   _____

   _____

5. Si tú, como padre o madre, o tu adolescente consideran que pueden mejorar en alguna de estas áreas, lean de nuevo las sugerencias presentadas para satisfacer cada necesidad emocional y decidan cuáles pueden ser de mayor utilidad en su caso.

_____

_____

_____

6. ¿Crees que tu adolescente se encamina al éxito para obtener una educación satisfactoria? ¿Qué pasos adicionales podrías dar para aumentar la probabilidad de lograrlo?

_____

_____

_____

Lo que me hubiera gustado saber...

Sobre la necesidad de los adolescentes de recibir guía espiritual

Todas las personas son espirituales de una u otra manera. En mi experiencia educativa obtuve tanto una titulación como un posgrado en antropología, el estudio de las culturas del mundo. Sin excepción, las culturas humanas creen en un mundo espiritual. La naturaleza de estas creencias varía de una cultura a otra, pero el hecho de que existen revela la naturaleza espiritual del ser humano. Como cristiano creo que la razón es que estamos hechos a imagen de Dios. Tenemos la capacidad para pensar, tomar decisiones, ser creativos y tener una relación con el Dios que nos creó. La revelación suprema de Dios es Jesucristo por medio de su vida, su muerte y su resurrección, las cuales constituyen el corazón del mensaje cristiano.

Si somos seguidores de Cristo, nuestra mayor motivación será ayudar a nuestro adolescente a que experimente la paz y el gozo, y que conozca el propósito que nosotros hemos encontrado al seguir a Cristo. Yo creo realmente que quienes han encontrado la máxima satisfacción en la vida son quienes han entregado sus vidas a Dios, han aceptado su regalo del perdón y han recibido su poder que los capacita para llevar vidas fructíferas de servicio al prójimo.

Aunque existen muchas religiones en el mundo, no todas pueden ser ciertas por una simple razón: muchas veces sus creencias se contradicen entre sí. En nuestra cultura, los adolescentes están expuestos a muchas tradiciones religiosas diferentes. Ellos necesitan la guía de sus padres que les ayude a filtrar las múltiples voces que reclaman su devoción. Los padres que adoptan una actitud pasiva y no hablan acerca de creencias religiosas dejan a su adolescente a merced de la influencia de los compañeros y de otros adultos que buscarán influenciarlos. Algunos adolescentes terminan en sectas que distorsionan la realidad y que los conducen a un estilo de vida que es nefasto para su bienestar.

"¿Y SI NO SOY RELIGIOSO?"

Para los padres que no están satisfechos con su propia experiencia espiritual, esto puede parecer una tarea abrumadora. Un padre preguntó: "¿Cómo puedo ayudar a mi adolescente cuando ni siquiera yo soy una persona religiosa?". Otro padre dijo: "No estoy seguro de querer que mi adolescente termine como yo. Yo mismo necesito ayuda para entender todo este asunto sobre Dios". En lo que respecta a nuestra espiritualidad, todos hemos sido influenciados por alguien. Los adultos no somos demasiado viejos para examinar o reexaminar nuestra propia experiencia y explorar la posibilidad de encontrar lo que algunos han denominado "descanso para el alma" mediante el conocimiento de Dios.

La mayoría de las religiones del mundo tienen algo en común. Han desarrollado un sistema de lo que hay que hacer para ser aceptado por Dios o para adquirir un nivel superior de comprensión espiritual. El cristianismo es muy diferente. El cristiano cree que Dios inicia una relación con nosotros en lugar de tratarse de una búsqueda nuestra de un dios desconocido. Dios, el Creador, se acercó a nosotros en la persona de Jesucristo, su Hijo. Él fue más que un simple hombre, porque ningún hombre podría hacer lo que Él hizo. Aunque fue ejecutado por soldados romanos, Él dijo acerca de su vida: "Nadie me la quita, sino que yo de mí mismo la pongo".[1] Quienes lo asesinaron pensaron que habían puesto fin a su vida, pero en realidad, tres días después de ser sepultado, Él resucitó de los muertos y apareció durante más de cuarenta días a más de quinientas personas. A todos los que creyeron, Él les prometió que también vivirían con Él un día, más allá del sepulcro.

Sí, las enseñanzas de Jesús nos muestran claramente la mejor manera de invertir nuestra vida y nosotros procuramos seguir sus enseñanzas, pero no para ser aceptados por Dios. Lo hacemos porque hemos sido aceptados por Él y porque nuestro deseo profundo es agradarle. Sabemos que cuando seguimos sus enseñanzas logramos el mayor bien con nuestra vida. Por ende, como padres, estamos muy motivados a invertir tiempo en ayudar a nuestros adolescentes a entender lo que significa ser un verdadero seguidor de Jesús.

En este capítulo quiero sugerir varias estrategias prácticas para incluir a nuestros adolescentes en conversaciones acerca de nuestras propias creencias religiosas, al tiempo que les ayudamos a explorar las creencias de otros. En última instancia, los adolescentes deben decidir lo que van a creer y cómo van a vivir su vida. Lo que creen acerca de Dios sin duda influirá en cada área de sus vidas. Creo que los padres pueden jugar un importante papel en guiar al adolescente a tomar decisiones sabias.

El proceso empieza con la exploración de los padres del fundamento de sus propias creencias. La mayoría llegamos a la adultez con algunas creencias religiosas que aprendimos de los padres o de otras personas importantes en nuestra infancia o adolescencia. Así pues, nos identificamos como budistas, musulmanes, cristianos, ateos y demás porque esa es la cultura en la que crecimos. Muchas veces ni siquiera hemos explorado la historia asociada con nuestras creencias religiosas. Cuando nos convertimos en padres nos preguntamos: "¿Quiero que mis hijos crean lo que yo creo acerca de Dios?". Si no

---

1. Juan 10:18.

estamos seguros acerca de esto, es hora de explorar el fundamento en el que se basan nuestras creencias.

"ES PARTE DE NUESTRA CONVERSACIÓN"

Esto fue lo que hice cuando estaba en la universidad y salí afirmado en mi fe cristiana, no simplemente como un sistema de creencias sino también como una relación personal con Dios. Nunca he lamentado esa decisión. Es la obra de Dios en mi vida lo que me da la motivación para amar y servir a mi esposa, para amar y servir a mis hijos y para servir a otros. Por lo tanto, quiero que mis hijos lleguen a conocer y a experimentar el amor de Dios y cumplan los propósitos de Dios para sus vidas.

Por ello, en los primeros años leí historias bíblicas a nuestra hija y a su hermano menor. Oramos por ellos y con ellos cada noche a la hora de acostarlos. Cuando se volvieron adolescentes, hablar acerca de Dios no era algo nuevo en nuestra familia. Leíamos las Escrituras juntos y comentábamos su significado. Los animamos a hacer preguntas y a comunicar sus ideas. Hablar acerca de Dios y de la Biblia era parte de nuestra conversación tanto como hablar sobre deportes, música y otros temas.

Queríamos que ellos se beneficiaran de escuchar a otros enseñar la Biblia y de encontrar aplicaciones prácticas para la vida. Por eso los llevamos a la iglesia y los animamos a participar en las actividades que la iglesia ofrecía a los adolescentes. Tratamos de crear un ambiente en el que ellos se sintieran libres de hacer preguntas acerca de Dios, de la Biblia y de lo que significaba ser cristiano. Ambos se convirtieron en seguidores de Cristo. Ahora, en su vida adulta, ambos están profundamente comprometidos con invertir sus vidas en el servicio al prójimo. Juan el apóstol dijo una vez: "No tengo yo mayor gozo que este, el oír que mis hijos andan en la verdad".[2] ¡Karolyn y yo conocemos ese gozo! Aunque los padres no debemos imponer

---

2. 3 Juan 4.

nuestras creencias a nuestros hijos, definitivamente queremos exponerlos al Dios que ha guiado nuestras vidas.

En una sociedad multicultural, tu adolescente se verá expuesto a amigos que crecieron en varias tradiciones religiosas (o sin tradición). Yo animo encarecidamente a los padres a que enseñen a sus adolescentes a respetar las creencias de otros. También les sugiero que expongan a sus adolescentes a las creencias básicas de otros tipos de fe. Un recurso útil es el libro *Christ Among Other gods* (solo disponible en inglés) de Erwin Lutzer.[3] Los adolescentes necesitan leer libros que expliquen por qué los cristianos creen lo que creen. Recomiendo dos libros del autor Lee Strobel, quien después de ser ateo se convirtió en cristiano tras examinar cuidadosamente la evidencia. Los títulos de los libros son *El caso de Cristo*[4] y *El caso de la fe*[5].

Puesto que el cristianismo no es un conjunto de reglas sino una relación con Dios, yo esperaría que los padres enseñaran al adolescente cómo tener una conversación diaria con Dios. La Biblia es llamada con frecuencia "la Palabra de Dios". Por ende, Dios nos habla por medio de "su Palabra". De modo que una conversación con Dios incluye la lectura diaria de un capítulo de la Biblia y hablar con Dios acerca de lo que leemos. Podemos darle gracias por la verdad que hemos leído, confesar nuestras faltas y pedir perdón, pedir su poder para hacer lo que Él ha dicho o decir "no entiendo lo que eso significa". Se trata simplemente de tener una conversación sincera con Dios. El adolescente que incorpora esto en su agenda diaria muy probablemente crecerá en su relación con Dios.

> **El cristianismo no es un conjunto de reglas sino una relación con Dios.**

---

3. Erwin Lutzer, *Christ Among Other gods* (Chicago: Moody Publishers, 2016).
4. Lee Strobel, *El caso de Cristo* (Miami, FL: Editorial Vida, 2000).
5. Lee Strobel, *El caso de la fe* (Miami, FL: Editorial Vida, 2001).

Si los padres también tienen una conversación diaria con Dios, pueden en ocasiones comentar al adolescente lo que leyeron y su respuesta. Es muy probable que el adolescente responda de algún modo recíproco. También puede preguntar a sus padres acerca de algo que leyó y no entendió. Esto puede llevar a una conversación interesante acerca de temas espirituales. No tienen que ser conversaciones diarias, pero cuando ocurren pueden ser muy enriquecedoras.

LO QUE JESÚS DIJO EN REALIDAD

Podrías desafiar a tu adolescente a leer el Evangelio de Juan, que se encuentra en el Nuevo Testamento. Fue escrito por uno de los doce discípulos y Juan describe en su evangelio muchas cosas que Jesús dijo e hizo. Pide a tu adolescente que haga una lista de las enseñanzas de Jesús acerca de lo que debemos hacer y lo que no debemos hacer. Las enseñanzas de Jesús fueron motivadas por su amor por nosotros y su voluntad de que tengamos una vida excelente. El adolescente también se hará una idea clara de lo que Jesús dijo acerca de Él mismo y de su propósito con su venida a la tierra. Si ambos leen un capítulo diario del libro de Juan en el transcurso de tres semanas y conversan acerca de lo que aprenden, pueden tener conversaciones realmente interesantes.

Otra práctica que enriquece nuestra relación con Dios es memorizar versículos clave de la Biblia. ¿Qué te parece si tú junto con tu adolescente se ponen de acuerdo para memorizar un versículo cada mes? Selecciona versículos que tienen implicaciones en la vida diaria. Imprime los versículos sobre tarjetas para que sean de fácil acceso. Varias veces al día léanlos en voz alta hasta que se graben en su mente. De vez en cuando, repítanse el versículo el uno al otro. El profeta Jeremías dijo a Dios: "Fueron halladas tus palabras, y yo las comí; y tu palabra me fue por gozo y por alegría de mi corazón; porque tu nombre se invocó sobre mí".[6] Esa también puede llegar a ser nuestra respuesta cuando memorizamos la Palabra de Dios.

---

6. Jeremías 15:16.

ORA POR TU ADOLESCENTE

Cuando lees la Biblia y ves algo que te gustaría ver en la vida de tu adolescente, pide a Dios que lo haga realidad en su vida. Ora para que Dios le dé sabiduría para tomar decisiones. Ora para que Él traiga a su vida personas que lo edifiquen y que lo guarde de quienes buscan arrastrarlo a un estilo de vida destructivo. Ora también para que Dios te dé sabiduría para relacionarte con tu adolescente de la mejor manera. Alguien dijo: "Dios nos dio adolescentes para mantenernos de rodillas".

Dios quiere que los padres jueguen un papel determinante en ayudar a los adolescentes a entender y responder al amor de Dios por ellos. A Israel en la antigüedad, Dios dijo: "Y las enseñaréis [las palabras de Dios] a vuestros hijos, hablando de ellas cuando te sientes en tu casa, cuando andes por el camino, cuando te acuestes, y cuando te levantes".[7] Si no estás seguro acerca de cómo hablar de estas cosas, pídele a Dios sabiduría. Él te ayudará. Si Dios es una parte esencial de tu vida, asegúrate de ser ejemplo de ello para tu adolescente. (En el capítulo siguiente encontrarás más ideas para esto).

Espero que algunas de estas ideas te ayuden en tu papel de brindar una guía espiritual a tu adolescente. Si te encuentras en el proceso de replantear tus propias creencias espirituales, yo te animaría a que busques un pastor local o alguien que creas que puede ser de ayuda. Una relación con Dios es similar a las relaciones humanas en el sentido de que es un proceso diario de acercarse al otro. Jesús dijo: "Venid a mí todos los que estáis trabajados y cargados, y yo os haré descansar. Llevad mi yugo sobre vosotros, y aprended de mí, que soy manso y humilde de corazón; y hallaréis descanso para vuestras almas".[8] Esa invitación sigue abierta a cualquiera que venga a Él.

---

7. Deuteronomio 11:19.

8. Mateo 11:28-29.

SUGERENCIAS Y RECURSOS ADICIONALES

Cuando piensas en tus años de adolescente, ¿qué te gustaría haber hecho diferente? ¿Tuviste algún consejero que te ayudó guiándote en la fe? Si no, ¿cómo pudo esto afectar la trayectoria de tu vida? Los estudios demuestran que un factor clave en el desarrollo de la fe de un adolescente es tener una relación sana con un adulto aparte de sus padres. Si quieres brindar guía espiritual para tu hijo, considera la posibilidad de encontrar un aliado fuera del hogar; tal vez un entrenador, un maestro, un tío, una abuela o un líder de jóvenes.

Aunque te resulte provechoso usar los siguientes recursos con tu hijo, contempla la posibilidad de comunicar estas ideas a alguien que pueda convertirse en tu aliado en la formación de tu adolescente.

BibleProject.com

El enlace para los recursos en español es el siguiente: https://bibleproject.com/espanol/. BibleProject es un estudio de animación que produce videos bíblicos gratuitos, pódcasts, blogs, clases y recursos educativos para ayudar a hacer más accesible la historia bíblica. Si quieres que tus hijos entiendan mejor la Palabra de Dios, los videos de YouTube de BibleProject son un buen punto de partida.

RightNowMedia.org

RightNow Media (en español: https://www.rightnowmedia.org/es) es la mayor biblioteca del mundo de recursos bíblicos en video. Ofrece algunos contenidos gratuitos y algunas suscripciones de pago a través de tu iglesia local o de una organización sin ánimo de lucro. Es el "Netflix" de los videos de discipulado cristiano.

Alpha

Alpha es una serie de sesiones de discipulado en video que exploran la fe cristiana. Hay versiones para estudiantes y para adultos. Estos videos son ideales para las personas que se inician en la fe. Cada una de las once charlas aborda una cuestión diferente sobre la fe y facilita la conversación. Los cursos Alpha se imparten en todo el mundo y están abiertos a cualquier persona. En el siguiente enlace puedes encontrar información y una lista de oficinas en todo el mundo: https://alphausa.org/national-offices/.

Cómo criar jóvenes de fe sólida: Ideas diarias para edificar sobre convicciones firmes, por la Dra. Kara E. Powell y el Dr. Chap Clark

Esta herramienta de discipulado de fácil lectura ofrece a los padres una poderosa estrategia para fomentar el crecimiento espiritual de sus hijos, de modo que se mantenga en ellos hasta la edad adulta. Instruye a los padres para tener conversaciones difíciles sobre temas como "no querer ir a la iglesia".

La práctica de memorizar la Biblia

El Dr. Chapman recomienda doce breves pasajes bíblicos que los padres y sus adolescentes puedan memorizar juntos. Estos son: Salmo 119:9-11; Isaías 41:10; Juan 3:16; Romanos 6:23; 1 Corintios 10:13; Filipenses 4:6-7; Gálatas 5:22; Juan 13:34-35; Juan 14:6; Mateo 11:28-29; 1 Timoteo 4:12 y Filipenses 2:4. Léanlos en una versión inspiradora, como la Nueva Traducción Viviente o la Nueva Versión Internacional. Si no tienes una Biblia impresa en casa, busca pasajes en https://www.biblegateway.com/ o en la app YouVersion.

PREGUNTAS DE REFLEXIÓN Y APLICACIÓN

1. ¿Qué tan capacitado te sientes para brindarle guía espiritual a tu adolescente? ¿Qué podrías hacer para sentirte más a gusto con esa labor?

_____

_____

_____

2. Cuando tu adolescente era niño, ¿intentaste comunicarle tus creencias acerca de Dios? Al mirar en retrospectiva, ¿hay cosas que desearías haber hecho diferente?

_____

_____

_____

3. ¿Reconoces en este momento que tu adolescente necesita guía espiritual? Si es así, ¿qué vas a hacer para ayudarle a procesar sus propios pensamientos acerca de Dios?

_____

_____

_____

4. ¿Estarías dispuesto a lanzarle a tu adolescente el desafío de conversar a diario con Dios como se explicó en este capítulo? ¿Estarías dispuesto a hacerlo tú también?

_____

_____

_____

5. ¿Estás involucrado en una iglesia y también tu adolescente? Si no, ¿estarías dispuesto a explorar esa posibilidad? ¿A quién podrías pedir ayuda para encontrar una iglesia que pueda ser una influencia positiva en la vida de tu adolescente?

_____

_____

_____

6. ¿Qué sugerencia en este capítulo te gustaría implementar con tu adolescente? ¿Qué pasos necesitas dar para empezar?

_____

_____

_____

Capítulo 12

Lo que me hubiera gustado saber...

Sobre la importancia del ejemplo de los padres por encima de las palabras

A lo largo de este libro me he enfocado en realidades que los padres necesitan saber acerca de las necesidades emocionales, intelectuales, sociales y espirituales de su adolescente. Mi finalidad ha sido comunicar a los padres lo que me hubiera gustado saber antes de la adolescencia de mis hijos. Si has leído hasta aquí, sabes que he presentado ideas prácticas acerca de cómo suplir esas necesidades de manera eficaz. En la mayoría de los capítulos he aludido a la importancia del ejemplo de los padres. En este capítulo quiero enfocarme en el poder de nuestro ejemplo.

Antes de tener hijos adolescentes, yo era muy consciente de mi responsabilidad parental de enseñarles y de entrenarlos en las diversas áreas que he expuesto en el libro. Lo que no había comprendido es que mi manera de vivir tendría un efecto mucho más poderoso que mis palabras. Esta realidad no minimiza el valor de la enseñanza y la formación, pero sí maximiza el valor de mi ejemplo. La medida en la que yo practico lo que enseño determina la medida en la que mis hijos me escuchan y ponen en práctica lo que enseño. Cuando los adolescentes observan la brecha que existe entre lo que enseño y la manera en que vivo, es muy probable que sean indiferentes a lo que digo. Así pues, mi ejemplo es más importante que mis palabras.

La medida en la que yo practico lo que enseño determina la medida en la que mis hijos me escuchan y ponen en práctica lo que enseño.

Hay un viejo refrán que dice: "De tal palo, tal astilla". Aunque desconozco el origen de esa afirmación, he observado la veracidad de su mensaje en mi consejería de padres de adolescentes. Es frecuente que un padre alcohólico tenga un hijo alcohólico. Una madre con una personalidad controladora a menudo tendrá una hija que se comporta igual. Un padre que maltrata a su esposa y a los hijos a menudo tendrá un hijo que maltrata a otros. Es bien sabido entre los consejeros que quienes han sido maltratados muchas veces se convierten en maltratadores.

Esto no significa que el ejemplo parental deba repetirse. ¡No! Con la ayuda adecuada, un adolescente puede aprender de un ejemplo negativo. Este es el resultado que desea cada consejero. No estamos condenados a repetir el mal ejemplo de nuestros padres, a pesar de que estemos influenciados en gran medida por su ejemplo. Por eso el papel de los consejeros escolares y de otros consejeros es tan importante en la vida de los adolescentes que se han criado en condiciones poco deseables.

Los padres que, con sinceridad, buscan brindar a sus adolescentes las mejores oportunidades para que florezcan al máximo en la vida deben buscar ser ejemplo de lo que enseñan. Decirle al adolescente: "Haz lo que digo, no lo que hago" puede hacerte sentir "al mando", pero no le ayudará a tu adolescente a desarrollar bien su carácter. Lo que tú haces retumba tanto en sus oídos que no puede oír lo que dices. Sin embargo, cuando tus acciones reflejan lo que enseñas, tus palabras acentúan la comprensión del adolescente de lo que dices.

Una de las preguntas más aleccionadoras que me he planteado a mí mismo es: "¿Qué pasaría si mi adolescente terminara siendo igual a mí?". No me hice esa pregunta cuando mis hijos eran pequeños. Me la hice cuando eran adolescentes y empecé a ver en ellos algunos rasgos que yo veía en mí mismo, algunos positivos y otros no tanto. La seriedad de esa pregunta me ayudó a implementar cambios en mi vida, algunos de los cuales he expuesto en este libro.

Te invito a que con valentía te plantees las siguientes preguntas.

¿Qué pasaría si en el futuro mi adolescente…

… manejara el enojo igual que yo?

… tratara a su cónyuge como yo trato a mi pareja?

… condujera el auto como yo conduzco?

… tuviera la misma ética de trabajo que yo tengo?

… hablara con las personas como yo lo hago?

… hablara acerca de las personas que son "diferentes" en los términos que yo expreso?

… tuviera la misma actitud que yo tengo hacia el alcohol y las drogas?

… tuviera la misma calidad de relación que yo tengo con Dios?

… manejara su dinero como yo manejo el mío?

… tratara a sus parientes políticos igual que yo trato a los míos?

… tratara a sus adolescentes como yo trato a los míos?

… se disculpara igual que yo lo hago cuando trata mal a alguien?

… perdonara a quienes le piden disculpas como yo perdono a otros?

Tal vez quieras añadir otras preguntas que se te ocurran.

De acuerdo, este es un desafío realmente serio, pero lo lanzo con la esperanza de que te hagas esta clase de preguntas mucho antes que yo. No tienes que esperar hasta que tu adolescente imite tu manera de actuar. Con un poco de reflexión puedes identificar aquello que es necesario cambiar en tu estilo de vida. Enseñamos a nuestros adolescentes a ser amables, corteses, pacientes, perdonadores, humildes, generosos y honestos. Por tanto, esforcémonos por demostrar esas virtudes en nuestra propia vida.

Cuando era adolescente, mis padres me enseñaron muchos principios de integridad para regir mi vida. Estos son algunos de esos principios:

Cumple tu palabra.

Reconoce a cada individuo como importante y trátalo con respeto.

Recuerda que la vida no se trata de fama o dinero, sino de usar tus capacidades para ayudar a otros.

Trata a los demás del mismo modo que te gusta que te traten a ti.

Pon a Dios primero y sigue las enseñanzas de Jesús.

Di siempre la verdad.

Nunca olvides que cada decisión que tomas tiene consecuencias.

Discúlpate siempre cuando agravias o lastimas a alguien.

¿Por qué recuerdo estos principios ahora que soy adulto? No porque mis padres repitieron esas palabras, sino porque las vi expresadas en sus propias vidas. En este libro he presentado once realidades que me hubiera gustado saber antes de la adolescencia de mis hijos. La mayoría de ellas son enseñanzas y adiestramientos que impartimos a nuestros adolescentes. Es decir, usamos palabras y acciones en un esfuerzo por ayudarles a que aprendan las habilidades, las actitudes y los comportamientos que son necesarios para llevar una vida exitosa. Lo que quiero subrayar en este último capítulo es la importancia de la manera en que demostramos estas enseñanzas con nuestro propio ejemplo de vida.

Los que hemos reconocido nuestras propias faltas delante de Dios y hemos aceptado su perdón contamos con la ayuda divina para hacer los cambios necesarios. Muchos podemos identificarnos con Pablo, un apóstol de la iglesia primitiva, que dijo: "Así que, queriendo yo hacer el bien, hallo esta ley: que el mal está en mí".[1] El esfuerzo personal no es suficiente. Sin embargo, más adelante Pablo dijo: "Todo lo puedo en Cristo que me fortalece".[2] Dios se complace en ayudar a sus hijos a hacer los cambios que son necesarios. La buena noticia es que podemos ser la clase de persona que, si nuestro adolescente nos llegara a imitar, estaríamos complacidos. Esa ha sido mi meta desde que se encendió aquella "señal de alarma" años atrás. De igual modo, ese es mi deseo para ti.

SUGERENCIAS Y RECURSOS ADICIONALES

Tu vida habla más fuerte que tus palabras. Si quieres que tus hijos se conviertan en lectores, tienen que verte leyendo libros, no solo mensajes de texto o noticias. Si quieres que tus adolescentes gocen de relaciones saludables, reflexiona primero acerca de cómo ellos describirían tus amistades que les sirven de ejemplo. ¿Cómo es tu relación con tus padres ancianos? ¿Qué ejemplo les das a tus hijos?

Estas preguntas pueden parecer intimidantes, pero no son más que invitaciones a confesar a tus hijos áreas personales en las que te gustaría crecer y mejorar. A continuación, presento algunos recursos que pueden ayudarte a vivir de un modo digno de ser imitado por tus hijos.

OTROS LIBROS DEL DR. GARY CHAPMAN
ACERCA DEL MATRIMONIO

El matrimonio que siempre has deseado
Ama a tu cónyuge aun cuando quieras salir corriendo
Lo que me hubiera gustado saber… ¡antes de casarme!
Por último, *Los 5 lenguajes del amor* es un recurso indispensable para parejas o para cualquier persona que desee mejorar sus relaciones.

---

1. Romanos 7:21.
2. Filipenses 4:13.

PREGUNTAS DE REFLEXIÓN Y APLICACIÓN

1. ¿Cuáles son algunos principios que tus padres te enseñaron cuando fuiste adolescente? ¿En qué medida fueron ellos ejemplo de estos principios en su propia vida?

    _____

    _____

    _____

2. Al reflexionar en qué medida eres ejemplo de lo que quieres que aprenda tu adolescente, ¿estarías dispuesto a formularte las serias preguntas que se han enumerado en este capítulo? ¿Qué pasaría si en el futuro mi adolescente...
    *   ... manejara el enojo igual que yo?
    *   ... tratara a su cónyuge como yo trato a mi pareja?
    *   ... condujera el auto como yo conduzco?
    *   ... tuviera la misma ética de trabajo que yo tengo?
    *   ... hablara con las personas como yo lo hago?
    *   ... hablara acerca de las personas que son diferentes en los términos que expreso?
    *   ... manejara los conflictos como yo los manejo?
    *   ... tratara a sus parientes políticos igual que yo trato a los míos?
    *   ... tratara a sus adolescentes como yo trato a los míos?
    *   ... se disculpara igual que yo lo hago cuando trata mal a alguien?
    *   ... perdonara a quienes le piden disculpas como yo perdono a otros?
    *   ... manejara su dinero como yo manejo el mío?
    *   ... tuviera la misma actitud que yo tengo hacia el alcohol y las drogas?

… tuviera la misma calidad de relación que yo tengo con Dios?

¿En cuáles de estas áreas te gustaría hacer cambios? ¿En cuál área desearías concentrarte primero? ¿Qué pasos darás esta semana?

_____

_____

_____

3. ¿Estarías dispuesto a pedirle a Dios que te ayude a hacer esos cambios?

_____

_____

_____

4. Considera la posibilidad de preguntarle a tu adolescente: "Si pudieras cambiar algo acerca de mí que me convirtiera en un mejor padre, ¿qué cambio te gustaría ver?". Su respuesta puede ayudarte a enfocarte en los cambios que son significativos para tu adolescente. El hecho mismo de que hayas formulado la pregunta muestra una actitud dispuesta a mejorar, algo que esperamos se convierta también en una cualidad de tu adolescente.

_____

_____

_____

Epílogo

Durante muchos años he invertido gran parte de mi vida ayudando a parejas a prepararse para el matrimonio. Creo que si las parejas pasaran tanto tiempo preparándose para casarse como preparan la boda, habría mejores matrimonios. Creo que el mismo principio se cumple en la crianza de los hijos. Si las parejas se prepararan para criar a los hijos tanto como para el nacimiento del bebé, serían mejores padres. La mayoría de las parejas no leen un libro sobre la crianza ni asisten a una clase sobre el tema antes de traer al mundo a un hijo. La mayoría de los padres tampoco acostumbran a leer libros ni asistir a clases acerca de criar adolescentes antes de que sus hijos lleguen a esa edad.

Si lees este libro antes de que tus hijos sean adolescentes, perteneces a la minoría que sabe que prepararse para una tarea facilita mucho llevarla a cabo. Si lees este libro en plena adolescencia de tus hijos, perteneces a la mayoría que espera hasta que se presenten problemas antes de salir a buscar soluciones. Ya sea que pertenezcas a la mayoría o a la minoría, espero que el libro te haya parecido útil. Mientras tu adolescente siga viviendo en casa, nunca es demasiado tarde para mejorar tu estilo de crianza.

> **Mientras tu adolescente siga viviendo en casa, nunca es demasiado tarde para mejorar tu estilo de crianza.**

Muchas veces, el primer paso es identificar nuestras faltas y disculparnos sinceramente con nuestro adolescente. Un padre dijo: "Cuando logré decirle a mi hijo adolescente: 'He reflexionado acerca de mi vida y me doy cuenta de que te he fallado en muchas maneras', mi relación con mi hijo dio un giro completo. De hecho, cuando le confesé mis faltas y le pedí perdón, mi hijo no solo me perdonó, sino que reconoció algunas faltas suyas. Fue una experiencia emocional muy liberadora para ambos". Este padre demuestra el poder sanador que se desata cuando los padres aceptan la responsabilidad de sus propias faltas. La disculpa y el perdón abren la puerta a cambios positivos que conducen a una relación saludable entre los padres y el adolescente.

La disculpa y el perdón abren la puerta a cambios positivos que conducen a una relación saludable entre los padres y el adolescente.

Como alguien dijo en una ocasión: "Lo mejor del futuro es que viene un día a la vez". Conforme hagamos cambios pequeños o grandes en la manera en que vivimos y nos relacionamos a diario con nuestro adolescente, sacaremos el máximo provecho de nuestro futuro. Los adolescentes son como arcilla dispuesta a ser moldeada por unos padres que los aman de todo corazón. Ante todo, mi mensaje en este libro es que nada es más importante que suplir la necesidad de amor del adolescente. Si todavía no has descubierto el principal lenguaje del amor de tu adolescente, permíteme animarte a que lo descubras y lo hables a diario. El adolescente que se siente amado está mucho más dispuesto a escuchar lo que dicen sus padres.

Si tu adolescente batalla con serios problemas emocionales, mentales o de comportamiento, te animo a que busques ayuda profesional. Si ha tenido problemas en la escuela, el consejero escolar puede ser un buen punto de partida. Los padres preguntan con frecuencia: "¿Dónde puedo encontrar al consejero adecuado?". Puedes preguntar al pastor de tu iglesia que tal vez conoce a los consejeros de tu zona.

Ser padres de adolescentes no es fácil, pero puede ser muy gratificante. Cuando veas que ellos florecen en los años de adolescencia y hasta la edad adulta, sentirás una profunda satisfacción. Karolyn y yo nos gozamos en gran manera en ver a nuestros hijos adultos invirtiendo en sus matrimonios y en sus vidas profesionales para ayudar a otros. Y sí, nos gozamos grandemente en ver a nuestros nietos universitarios aprovechando al máximo sus oportunidades educativas. Estamos extremadamente agradecidos por esto. Y deseamos lo mismo a todos los padres de adolescentes.

Espero que este libro te haya sido de utilidad. En caso afirmativo, te pido que lo recomiendes a tus amigos que enfrentan el desafío de criar adolescentes.

—GARY CHAPMAN

Agradecimientos

Quiero agradecer a todos los padres que se han sentado en mi consultorio y me han confiado sus luchas como padres de adolescentes. Su franqueza y nuestras conversaciones me han ayudado inmensamente a conocer el desafío presente de criar hijos adolescentes. Estoy agradecido a los adolescentes que también han dado a conocer sus luchas. Como siempre, estoy agradecido por mi esposa Karolyn, quien es la primera editora de mis manuscritos. El equipo de Northfield Publishing, al igual que con todos mis libros, ha sido un gran apoyo para hacer de este volumen una realidad. Un agradecimiento especial a Betsey Newenhuyse por todas sus sugerencias editoriales. John Hinkley también me ha alentado y ha sido consejero constante, lo cual agradezco profundamente.

Agradezco a mis propios hijos, Shelley y Derek, que fueron alguna vez adolescentes y me ayudaron a recordar sus propias experiencias durante esos años. Mi nieto Elliott y mi nieta Davy Grace también han aportado a mi comprensión del mundo actual en el que viven los adolescentes. Una vez más, quiero agradecer a Drew Hill por sus perspicaces comentarios y la recopilación de recursos útiles a lo largo del libro.

Recursos adicionales

Cada joven necesita un mentor, por Félix Ortiz
Una chica definida por Dios, por Kristen Clark y Bethany Beal
Controla tus emociones en 30 días, por Deborah Smith Pegues
En redes: Tu guía para navegarlas sin que te atrapen, por Duff
   Fernández
Una fe que piensa: Respuestas espirituales a dilemas filosóficos, por
   David Noboa y Alex Sampedro
Guía de un joven para las buenas decisiones, por Jim George
Un joven conforme al corazón de Dios, por Jim George
Joven valiente, por Gary Chapman y Clarence Shuler
Joven verdadera, por Betsy Gómez
Límites saludables para tu adolescente, por June Hunt
La medida de un joven, por Gene Getz
Un padre conforme al corazón de Dios, por Jim George
Los padres que tus hijos necesitan, por Lucas Leys
Sé el papá que tus hijos necesitan, por John MacArthur
*Trabajemos en familia: 50 ideas para activar a los tuyos y hacer
   una diferencia,* por Rich y Elisa Brown